Meiner Frau Silvia,

der ich ein unvergleichliches Jahr
und viele der hier wiedergegebenen
Gedanken und Bilder verdanke

Über dieses Buch

Im Jahr 2009 haben wir beschlossen ein Sabbatjahr zu beantragen, um durch die Welt zu reisen. Das ist jetzt 6 Jahre her und diese Zeit hat manches verändert. So sind im Laufe der Ansparphase noch zwei kleine Kinder zu uns gekommen. Vermutlich ist mit den Kindern unser Sicherheitsbedürfnis gestiegen, sodass die Reise nicht mehr ganz so abenteuerlich verlief, wie wir sie uns in unseren Gedanken immer vorgestellt hatten. Die Welt, die wir bereisen wollten, ist kleiner geworden, als wir ursprünglich gedacht haben. Wir - Tyra, Fyn, Silvia und Johannes - sind ein Jahr durch Europa getourt.

Dieses Buch ist kein Reiseführer, der über Touren und Besichtigungen informiert. Es ist die erweiterte Fortsetzung unseres Reiseblogs unter „die-kruses.blogspot.de", in dem wir in unregelmäßigen Abständen über Erlebnisse während unserer Reise berichtet haben. Anders als im Blog sind diese Geschichten hier nicht in der Reihenfolge ihrer Niederschrift, sondern in der Chronologie unserer Reise aufgenommen, sodass sich anhand der Geschichten unsere Reiseroute verfolgen lässt.

Das Sabbatjahr hat uns auch Freiräume zu einem Denken ermöglicht, das nicht durch den Alltag überlagert war. Deshalb sind in dieses Buch außerdem auch Gedanken eingeflossen, die uns im Laufe dieses Jahres durch den Kopf gegangen sind.

Johannes Kruse

hin und wieder weg

Geschichten und Gedanken im Sabbatjahr

*Mit Fotos von
Silvia Kruse und
Loni Heidweiler*

Books on Demand

© 2016 Johannes Kruse
Herstellung und Verlag:
BoD - Books on Demand, Norderstedt, www.bod.de
Gedruckt in Deutschland
ISBN 978-3-7322-4704-2

Inhalt

Vorwort *8*

Teil I

Das Weihnachtswunder *11*
Finnisch für Fortgeschrittene *13*
Temperaturen *15*
Toilette oder Fitnessraum? *17*
Toastbrot *19*
Puderzucker *21*
Parkplatz in Lugano *22*
Autogrill *26*
Pisa am Abend *28*
Günstige Stellplätze *30*
Alle Wege führen nach Rom *31*
Der Gummischuhbaum *32*
Tyras philosophische Ecke *34*
Oh, wie schön ist Kampanien *35*
Paestum - Antike zum Anfassen *40*
160 Kilometer in 7 Stunden *42*
Hochzeitstag *48*
Eintritt frei *49*
Etna *52*
Bräsig in der Sonne brutzeln *54*

Der Kakadu	55
Zu Dionys, dem Tyrannen	56
Im Ohr von Dionysos	60
Tyras philosophische Ecke	61
Tonnara di Vendicari	62
Angriff der Killer-Kiwis	65
Der Feind in meinem Auto	67
Die 142 Stufen	71
Tempel, Tempel, Tempel	73
Die Salinen von Marsala	80
Peppe Genna	82
Sicherheit auf dem Campinglatz	84
See-Kühe	86
Der Uni-Rock	87
Der Himmel über Monreale	89
Der Himmel über Cefalù	90
Fremdsprachen für Anfänger	91
Stromboli	92
Maulwürfe der Straße	94
Das Déjà-vu	95
Hilfe, mein Navi spinnt!	97
Der Soundtrack der Reise	98

Teil II

Kühlschrank-Variationen 105
Orte, an denen wir waren 106

Teil III

Schicksalsschläge 111
Erinnerung 113
Die Eltern-NSA 116
Loslassen 119
Selbstausleihe in der Bibliothek 122
Das Optimale ist der Feind des Guten 126

Nachwort 130

Vorwort

In diesem Buch sind einige der Kapitelüberschriften Titeln von Filmen, Büchern oder Musikstücken nachempfunden.
Manche sind offensichtlich, andere eher versteckt oder lediglich angedeutet. Wer raten möchte, sollte die Lösungen im Nachwort ab Seite 130 erst am Schluss lesen.

Teil I

Das Weihnachtswunder

Es ist Heiligabend. Während ich die Familie zur Kirche fahre, stelle ich fest, dass ich - wieder einmal - vergessen habe, rechtzeitig das Benzin aufzufüllen. Der Bordcomputer errechnet mir noch eine Reichweite von 12 km. Ich beschließe daher, nachdem alle - damit wir einen Sitzplatz bekommen, wie immer eine halbe Stunde vor Beginn - vor der Kirche abgesetzt sind, noch schnell zur Tankstelle zu fahren. Schon als ich mich nähere, erkenne ich, dass ich ein Problem habe: die ortsansässigen Tankstellen sind geschlossen! Alle beide! Für heute wird es noch reichen, aber morgen muss ich nach Braunschweig! Und ich habe keine Ahnung, wie ich mit dem vorhandenen Restsprit bis dorthin kommen soll.

Es ist der Erste Weihnachtstag, 25. Dezember, und ich starte vorsichtig das Auto. Gestern war ich mit einer Reichweite von 7 km zuhause auf den Hof gefahren - das reicht niemals bis zur nächsten feiertagsoffenen Tankstelle! Denn die liegt erst in Groß Düngen. Doch was sehe ich: heute starte ich mit einer Reichweite von 17 km! Keine Ahnung, woher die 10 km gekommen sind, aber ich nehme sie gerne. Mit ein wenig Glück und reichlich Rückenwind komme ich damit hoffentlich zum gewünschten Diesel-Dealer. Und während ich angespannt hinter dem Lenkrad sitzend fahre, geschieht das Wunder: Kaum habe ich Wesseln - auf halber Strecke zwischen Bad Salzdetfurth und Groß Düngen - erreicht, springt die Reichweitenanzeige auf 35 km! Und als ich schließlich Groß Düngen erreiche, weist die Anzeige sogar 37 km auf!

Kurzeitig überlege ich, ob ich ohne zu tanken weiterfahren soll - doch dann ermahnt mich eine innere Stimme und ich biege rechts ab und fahre an die Zapfsäule. Wunder soll man nicht auf die Probe stellen.

Finnisch für Fortgeschrittene

Bevor wir erneut mit dem Wohnmobil starteten, waren wir zu einem kurzen Aufenthalt in der Jugendherberge Köln-Deutz. Dort habe ich mein erstes Wort Finnisch gelernt - und ich bin sicher, dass ich es nicht mehr vergessen werde, auch wenn ich es wohl nie werde anwenden können. Gelernt habe ich das Wort auf dem Klo! Unglaublich, wo man Dinge lernt: Archimedes in der Badewanne - und ich auf dem Klo!

Sie lagen unter dem Waschbecken und ich hatte sie vorher völlig übersehen, doch - warum auch immer - plötzlich sprangen sie mir ins Auge: die Hygiene-Beutel für Damenbinden. Und hier waren diese eigentlich recht unscheinbaren Papierbeutel, die mich immer an Pausenbrottüten erinnern, mit einem kleinen Sprachkurs versehen. Die Überschrift "Hygiene-Beutel für Damenbinden" und die folgende Aufforderung, diese nicht ins WC, sondern in den dafür vorgesehenen Behälter zu werfen, waren in 15 (!) weitere Sprachen übersetzt. Ich kam mir vor wie beim Griechen, bei dem man mit dem Besteck Servietten erhält, auf denen sich Redewendungen mit griechischer Übersetzung finden, etwa: Guten Tag - Kalimera. Ich sitze dann jedes Mal und überlege, ob ich die Bedienung mit meinem gerade gelernten Griechisch ansprechen soll, lasse es aber, weil es mir zu anbiedernd scheint und frage mich stattdessen, weshalb mir dieser kostenlose Sprachkurs angeboten wird, dessen Inhalt ich garantiert 5 Minuten nach Verlassen des Restaurants bereits zu 90 Prozent vergessen habe. Immerhin bin ich dann beim nächsten Besuch eines griechischen Lokals wieder gespannt auf meine Serviette mit den Übersetzungen.

Aber hier auf dem Klo der Jugendherberge ist es anders. Schon beim Lesen der finnischen Übersetzung weiß ich, dass ich sie mein Leben lang nicht mehr vergessen werde. Doch ich weiß auch, dass ich sie mein Leben lang nie gebrauchen werde. Nutzloses Wissen, das sich fest in meinen Kopf gebrannt hat und das ich nicht mehr loswerden werde. Blau auf Weiß lese ich die finnische Übersetzung: Hygienapussi! Das bekomme ich sicher nie mehr aus dem Kopf!

Wer weiß: vielleicht werde ich eines Tages in Finnland nur deswegen in ein Geschäft gehen, um Hygiene-Beutel für Damenbinden zu kaufen, damit ich mein erstes Wort Finnisch wenigstens einmal im Leben anwenden kann.

Temperaturen

Irgendetwas war vorgefallen. Ich wusste nicht, was es war, doch ich erwachte plötzlich und fror. Es war noch früh am Morgen. Wir standen in Waldshut, nahe der schweizerischen Grenze, und es war bitterkalt im Wohnmobil. Ich wollte mich wieder umdrehen, um tief in die Bettdecke eingekuschelt noch ein wenig weiterzuschlafen, da vernahm ich es, wie aus der Ferne. Eine Stimme, die mich flüsternd und leise schmeichelnd zu locken schien: „Komm! Komm her! Hier hast du's warm!" Hatte ich das wirklich gehört? Oder litt ich unter Halluzinationen? Schlaftrunken setzte ich mich auf - soweit das im wohnmobilen Alkoven möglich war - und lauschte in die beginnende Morgendämmerung. Da war es wieder, leise zwar, doch deutlich zu verstehen: „Komm her! Hier hast du's warm! Zögere nicht! Komm!"

Irritiert, doch neugierig entstieg ich zunächst dem erhöhten Schlafgemach und schließlich auch dem es umgebenden Mobil und folgte der Richtung des lockenden Säuselns. Das „Komm, ach komm" war nun deutlicher zu vernehmen. Es hatte einen Sog, dem ich mich nicht entziehen konnte, ja, dem ich mich jetzt auch gar nicht mehr entziehen wollte. Ich wollte der sanft säuselnden Aufforderung folgen und ich wusste jetzt, dass ich es auch würde. Nichts konnte mich mehr davon abhalten. Irgendwo hier musste es einen warmen Platz geben und ich wollte ihn finden. Wie in Trance ging ich über die glücklicherweise nur wenig befahrene Straße, denn ich folgte nur noch der Stimme und hatte nicht mehr die Kraft, nach links und rechts zu blicken. Nur der Stimme nach! Dieser Stimme! Und dann sah ich es:

Es war der Rhein, der mich mit seiner Wärme lockte. Mit 5 Grad maß er fast das Doppelte der Außentemperatur. Nur mit Mühe konnte meine Frau, die beste von allen, wie ihr ja wisst, die mir nachgeeilt war, mich von einem Sprung in die wärmenden Fluten des Flusses abhalten. Sie brachte mich zurück ihn unser über Nacht erkaltetes Wohnmobil und zündete die Heizung an. Aber das säuselnde Locken des Rheins hing mir lange noch in den Ohren.

Toilette oder Fitnessraum?

Jeder kennt das: wie oft haben wir nicht alle schon ergebnislos vor dieser Entscheidung gestanden: Toilette oder Fitnessraum? Und wer bei der Beantwortung dieser Frage zu lange zögert, ... Aber gut, ich will hier nicht näher in Details gehen. Auf jeden Fall: es gibt jetzt eine Antwort auf diese Frage. Oder besser gesagt: in Italien muss man sich diese Frage gar nicht mehr stellen.

Ich hatte mich ja immer schon über die stramme Oberschenkelmuskulatur der Italiener gewundert, doch jetzt kenne ich deren Geheimnis. Die Italiener haben - ein simpler Gedanke, aber man muss darauf kommen - ihre Toiletten zu Fitnessräumen gemacht. Und das auf eine äußerst nachhaltige Weise. Sie haben nämlich keine kostenintensiven Neuerungen eingebaut, sie haben einfach etwas weggelassen: die Klobrille. Nun kann sich also niemand mehr setzen! Stattdessen hockt man mit gespannter Oberschenkelmuskulatur über der Schüssel und hofft inständig, dass die Spannung nicht nachlassen möge. Dem untrainierten Mitteleuropäer beginnen schon nach kurzer Zeit die Oberschenkel zu zittern und er sucht - verzweifelt, doch ergebnislos - nach einem helfenden Griff. Doch da ist nichts! Jetzt heißt es, die Zähne zusammenzubeißen - und anderes dabei locker zu lassen. Das trainiert!

Und während wir in teure Mucki-Buden laufen und uns personalisierten, für uns optimierten Trainingsprogrammen unterwerfen, ist dieses Straffungsprogramm völlig kostenlos! Großartig! Ich muss schon sagen: die Italiener haben's echt raus!

Toastbrot

Während wir auf der Autobahn durch die schweizerischen Berge fuhren, sagte meine Frau - die beste von allen, wie ihr ja wisst - unvermittelt zu mir: „Weißt du, wir sind eigentlich wie Toastbrot." Und natürlich springt bei so einer Aussage sofort meine Gedankenmaschine an. Ich kann das einfach nicht verhindern. Vielleicht sollte ich daran arbeiten, aber, wenn ich etwas höre, was mir unverständlich ist, fängt mein Kopf an zu arbeiten und versucht, die Informationen zu sortieren. So ging es mir auch jetzt. Ich überlegte also: Toastbrot? Ich? Was will sie mir sagen? Dass ich immer schlapper werde? Dass ich keinen Geschmack mehr besitze? Dass ich fad geworden bin? Meine Gedanken fuhren Karussell und ich hatte ein ungutes Gefühl.

Meine Frau blickte mich siegesgewiss von der Seite an - sie wusste um die sich spontan einschaltende Gedankenmaschine, und sie wusste auch, dass sich meine Gedanken ergebnislos im Kreis drehen würden. Ich konnte es sehen, ohne den Blick von der Straße wenden zu müssen. Und ich wusste, dass sie ihren Triumph genoss. Sie ließ mich zappeln, bis ich nicht mehr anders konnte und die Frage stellte, auf die sie die ganze Zeit gewartet hatte: „Wieso sind wir wie Toastbrot?"

„Nun", sagte sie mit einem zufriedenen Lächeln, weil ich nun doch gefragt hatte, „ein wenig aufgebacken sind wir eigentlich immer noch recht knackig!" und brach in schallendes Gelächter aus, als sie mein verdutztes Gesicht sah. Ich wollte ihr den Triumph nicht gönnen, doch ich konnte es nicht verhindern: ich musste einfach mit einstimmen! Laut schallend lachend fuhren wir die folgenden Kilometer - und wer in unser Auto geblickt hätte, hätte sich sicher sehr gewundert.

Puderzucker

Für unsere neue Tour hatte ich uns extra Schneeketten besorgt, immerhin sollte es ja durch die Alpen gehen. Und es hieß, man brauche auf einigen Strecken unbedingt Schneeketten. Ich hatte mir diese Strecken genauestens ausgemalt: Meterhohe Schneemassen, die sich rechts und links der Straße türmen, und mittendrin wir. Einsam, verloren, unfähig, die erworbenen Ketten auf die Reifen zu bringen - denn natürlich hatte ich vergessen, das Anlegen der Schneeketten zuhause zu üben. Wahrscheinlich würden wir erfrieren müssen, bis die Rettungsfahrzeuge sich zu uns hätten durchkämpfen können. Wahrlich kein schöner Tod. Aber sicher eine kurze Meldung in den Nachrichten wert. Immerhin.

Und jetzt das: Sonnenschein und grüne Wiesen bei der Fahrt durch die Schweiz. Was ist denn los hier? Haben die alle ihre Heizungen aufgedreht? Leichter Schnee auf den Spitzen der Berge. Mich erinnerte das eher an den feinen Puderzuckerstaub auf einer Waffel. Was für eine Enttäuschung. Kein Erfrieren, keine Nachricht, nur eine völlig problemlose Durchquerung der Schweiz. Gab es früher eigentlich mal Winter?

Parkplatz in Lugano

Franken hatten wir keine gewechselt. Weshalb auch? Wir hatten die Schweiz lediglich passieren wollen und eine eventuell notwendige Tankfüllung wäre mit der EC-Karte zu bezahlen gewesen. Dann lasen wir „Lugano" auf einem der zahlreichen Hinweisschilder entlang der Autobahn und beschlossen, einen kurzen Abstecher zu machen und dort eine Pause einzulegen. Wir hatten keine Ahnung von Lugano, aber es klang für uns nach mondänem Urlaubsort mit mediterranem Flair, also bogen wir von der Autobahn ab und ließen uns vom Navi in die Stadt leiten.

Doch mit diesem komplizierten System von Einbahnstraßen hatten wir nicht gerechnet. Und ein Parkplatz für ein Wohnmobil war weit und breit nicht zu finden. Nachdem wir einige Zeit - gefühlt im Kreis - durch die Stadt geirrt waren, kamen wir am etwas abseits oberhalb des Sees gelegenen Bahnhof vorbei. Ohne groß nachzudenken fuhren wir auf den beschrankten Parkplatz und machten uns auf den steilen Weg hinab zum See.

Wir flanierten am See entlang und genossen die Aussicht und die wärmende Februarsonne. Anfang Februar hatten wir in der Schweiz eher mit Schneestürmen als mit T-Shirt-Sonne gerechnet.

Dann wurde es Zeit weiterzufahren. Die Sonne verlor allmählich ihre wärmende Kraft und es musste ja auch noch ein Platz zum Übernachten angefahren werden. Also machte ich den Vorschlag, dass ich vorgehen, das Auto holen und alle an einem verabredeten Platz abholen würde, um uns das Hochschieben von Buggy und Rollstuhl zu ersparen.

Am Parkplatz angekommen sah ich zu meiner Erleichterung, dass der Parkschein auch in Euro bezahlt werden konnte - der Automat akzeptierte Münzen und 5-Euro-Scheine. Ich zückte mein Portemonnaie und fand zwar keine Münzen, aber einen 5-Euro-Schein. Als ich dem Automaten meinen Schein zur Speise anbot, lehnte dieser jedoch entrüstet ab. Und wie oft ich das Spiel auch wiederholte, immer spuckte der Automat meinen Schein wieder aus. Doch außer diesem einen hatte ich nur noch große Euro-Scheine, die mir zum Bezahlen der Parkgebühr nichts nutzten.

Vielleicht könnte ich auf einer Bank meine Euros in Franken wechseln? Doch wo sollte ich eine Wechselstube finden? Ich ging ins Bahnhofsgeschäft und fand schließlich einen englischsprechenden Verkäufer - mit Italienisch wäre ich mit meiner Frage sicherlich gescheitert. Nein, er habe keine Ahnung, wo ich eine Wechselstube finden könne, antwortete er mir, aber ich könne doch etwas kaufen, er würde mir den Restbetrag in Franken geben. Geschäftstüchtig, dachte ich, überlegte kurz, was wir noch benötigten, erwarb etwas Milch und Käse und hatte überschlagen, dass der Rest in Franken zum Bezahlen meiner Parkschulden reichen sollte. Also ging ich, milch- und käsebepackt, zum Kassenautomat, schob meinen Parkschein hinein - und stellte erschüttert fest, dass während der Zeit meines Einkaufs die Parkuhr weitergelaufen war und eine neue Stunde überschritten hatte. Nun musste ich mehr Geld bezahlen, als ich vorhin noch eingeplant hatte. Mir fehlte ein Franken zum Verlassen meines Parkplatzes, daher würde ich wohl um einen weiteren Einkauf nicht herumkommen. Milch und Käse wanderten deshalb in den Kühlschrank unseres Wohnmobils - und ich zurück in das Geschäft, in dem ich mit durchaus verwunderten Blicken registriert wurde. Ich ließ mir nichts anmerken, kaufte noch ein wenig Schokolade für die sicher schon ungeduldig Wartenden, die sich zur Vergrößerung meines Leidensdrucks auch allen Benachrichtigungsversuchen bisher standhaft widersetzt hatten. Telefon und WhatsApp scheinen in der Südschweiz nicht durchweg zu funktionieren - wahrscheinlicher aber waren die Handys wiedermal und ausgerechnet jetzt auf "stumm" geschaltet.

Jetzt endlich wollte der Automat das ihm angebotene Geld als Gegenleistung zur Freilassung meines Fahrzeugs akzeptieren. Glücklich enteilte ich dem Parkplatz und fuhr Navi-geleitet - und gefühlt wieder im Kreis - zum verabredeten Platz. Doch meine Mitfahrer konnte ich nicht entdecken! Mittlerweile war es nun doch so kalt geworden, dass sie sich in ein wärmendes Lokal gerettet hatten und eine Weile benötigten, bevor sie das sie der Kälte entreißende Gefährt entdeckten. Doch schließlich fanden wir wieder zueinander und ich zu der Erkenntnis, in Zukunft immer etwas Geld in der Währung der Länder, die wir durchquerten in der Tasche haben zu wollen.

Autogrill

Ich erschrak, als ich es las. Und ich bemerkte, dass auch Will B., mein alter Gefährte, merklich zuckte. Will B. oder Willy, wie ich ihn meist kurz nannte, war mit seinen Eltern im Zuge der Gastarbeiterbewegung aus Italien gekommen und hieß eigentlich Fiat. Er hatte seinen italienischen Namen aber kurz nach Erreichen seiner Volljährigkeit gegen den ausdrücklichen Wunsch seiner Eltern amerikanisiert. Will also zuckte merklich zusammen, ich bemerkte es sofort, aber ich wusste auch, wie schreckhaft er war. Trotz seiner Größe war er etwas schmächtig geblieben und es war ihm immer ein wenig peinlich, wenn man ihn auf seine gerade einmal 90 Pferdestärken ansprach.

Wir also waren beide erschrocken und ich fühlte mich in die Welt des Ritter Rost versetzt, von der ich bisher immer geglaubt hatte, sie sei Erfindung. Doch jetzt schien mir die Welt aus Blech plötzlich ziemlich real und ich sah den Ritter in Gestalt einer wandelnden Registrierkasse vor mir und seinen Freund Koks, den Drachen mit der Feuerzeugnase.

„Autogrill" stand in großen Buchstaben über der Autobahn. Autogrill? Was war denn hier los? Was bloß verbarg sich hinter dieser unscheinbaren Fassade?

Warteten die Feuerzangen-Brüder hinter der nächsten Ecke auf leichte Beute? Wollten sie meinen Willy erlegen und auf dem Grill rösten - als feines Mahl vor dem Schlafengehen? Ich sah schon, wie sie ihn ausnahmen und die Einzelteile fein säuberlich zerlegt über einem riesigen Grill rösteten. Nein! Das musste ich verhindern!

Vorsichtig, um nicht allzu sehr aufzufallen, nahm ich den Fuß vom Gas und blickte mich um. Doch nirgends eine Spur von den beiden finsteren Gesellen. Also änderte ich meine Taktik und gab Gas. Will brachte uns schnell außer Sichtweite des Schildes. Auch er war fühlbar erleichtert Für dieses Mal schienen wir gerettet.

Was aber, wenn uns ein neuer „Autogrill" angekündigt werden würde?

Pisa am Abend

Wir kamen erst spät in Pisa an. Daher konnten wir den Dom nicht mehr besichtigen. Und doch wurden wir für unsere späte Ankunft belohnt: mit einem spektakulär dramatisch ausgeleuchteten Abendhimmel.

Aber auch ohne den Dom betreten haben zu können: allein der Platz war sehenswert. Eine riesige Menge meist japanischer Touristen, die sich in seltsam verrenkten Posen selbst vor dem schiefen Turm fotografierten. Ich hätte dieser Inszenierung stundenlang zuschauen mögen, denn vor meinen Augen vollzog sich ein Happening, dass Robert Jasper Grootveld oder Allan Kaprow nicht besser hätten inszenieren können. Und das Schönste daran: es waren eine Vielzahl von Menschen an der Realisierung beteiligt, aber keiner außer mir schien das zu bemerken. Es war wie ein Stück unsichtbaren Theaters, dass sich hier vor unseren Augen abspielte. Doch während ich glaubte zuzuschauen, wurde mir plötzlich klar, dass auch ich lediglich ein Akteur auf einer riesigen Bühne vor der überwältigenden Kulisse des Doms von Pisa war. Und so begann ich meinen Part zu spielen. Ich reihte mich ein in die Vielzahl der Akteure, schlenderte über die Piazza dei Miracoli, nahm meinen Fotoapparat in die Hand und machte hier und da ein paar Aufnahmen, ganz so, wie die Inszenierung es vorgegeben zu haben schien.

Manchmal muss man das Leben wohl einfach als Inszenierung betrachten - das verändert die Wahrnehmung ganz entschieden. Ich muss das unbedingt in einer der kommenden Konferenzen ausprobieren: eine Konferenz als Happening und eine Unterrichtsstunde als unsichtbares Theater, das könnte beides in einem völlig neuen Gewand erscheinen lassen.

Günstige Stellplätze

Bis zu unserer Ankunft in Rom haben wir für Übernachtungen insgesamt gerade einmal 10 Euro ausgegeben. Unsere preisgünstige - weil kostenlose - Alternative zu Camping- oder Stellplätzen: die Raststätten an der Autobahn. Zugegeben: die Stellplätze sind recht laut, selbst in der Nacht, und man kann seine Campingstühle nur mit großen Schwierigkeiten vor dem Wohnmobil aufbauen. Aber es gibt gut gepflegte sanitäre Anlagen und oft sogar Kinderspielplätze, zu denen man die Kinder zwar verkehrsbedingt unbedingt begleiten sollte, die aber oft besser ausgestattet sind als die lieblosen und veralteten Schaukel-Anlagen auf so manchem Campingplatz. Naja: und mit 10 Euro bis Rom - das ist ja auch nicht verkehrt.

Alle Wege führen nach Rom

Irgendwie hatte ich mir das anders vorgestellt. Bilder von „Quo vadis" und „Ben Hur" standen mir vor Augen, als mir klar wurde, dass wir auf über 2200 Jahre alten Straßen fahren würden. Von Pisa nach Rom würden wir über die Via Aurelia fahren und unser Campingplatz in Rom lag direkt an der Via Flaminia. Beide Straßen waren im 3. Jahrhundert v. Chr. als Verbindungsstraßen nach Rom gebaut worden - die Via Aurelia als Verbindung zwischen Rom und Pisa, die Via Flaminia als Verbindung Roms mit der Adria. Doch wenn man die Straßen heute fährt, erinnert nichts außer den Namen an die antike Herkunft. Die Straßen unterscheiden sich in keiner Weise von anderen viel befahrenen Straßen in ganz Europa. Die Via Aurelia ist in weiten Teilen eine Schnellstraße entlang der Küste, die Via Flaminia ist, zumindest in Rom, eine Geschäftsstraße mit großen Einkaufszentren, wie es sie zu Hunderten gibt. Nun: um eine Täuschung war ich ärmer. Aber das ist ja immer auch ein Gewinn.

Der Gummischuhbaum

Trotz zurzeit allenfalls herbstlicher Temperaturen tragen die Gummischuhbäume in Rom in diesem Jahr bereits im Februar reiche Früchte. Bei einzelnen Bäumen ist die Reifung schon jetzt so weit fortgeschrittenen, dass die Früchte geerntet werden können - hier ein besonders schönes Exemplar in der Nähe der Via Flaminia.

Ob die extrem frühe Fruchtbildung auf die globale Erwärmung zurückgeführt werden kann, ist unter den Experten allerdings weiterhin umstritten. Gummischuhbauern der Region haben jedoch bestätigt, dass die Ernte der Gummischuhe in allen Jahren zuvor frühestens Ende April begonnen habe.

Tyras philosophische Ecke

Tyra: Mama, du bist die beste Mama von der Welt.
Mama: Tyra, übertreib nicht!
Tyra: Ach Mama, das ist nicht übertrieben, das ist Liebe.
(Rom, 14. Februar 2016)

Oh, wie schön ist Kampanien

Hier in Kampanien ist Camping noch nichts für Weicheier, noch nichts für diejenigen, die auch während ihres Campingurlaubs nicht auf beheizte Sanitärgebäude, Satellitenempfang und Brötchenservice verzichten können. Hier ist Camping noch ursprünglich. Kampanien ist das Land unserer Träume.

Gewaschen wird sich draußen, nicht in nobel voneinander getrennten Kabinen mit weichgespülter Musik, immerhin aber überdacht. Und so steht man morgens beim Waschen Waschlappen- und Handtuch-bewehrt neben den anderen Campern, die glücklicherweise auch nicht frischer aussehen als man selbst, und hält seinen Körper in die kühle Morgenbrise, die vom Meer herüberweht. Da die sehr frisch ist, ist man einfach schneller fertig. Das spart! Zeit und Wasser. Und in Puncto Nachhaltigkeit liegt Kampanien ohnehin ganz weit vorn: die Waschbecken teilen sich die Camper nämlich bereitwillig mit den zahlreich vorhandenen Singvögeln. Das sieht man den Becken spätestens ab mittags auch deutlich an.

Dass man hier im Urlaub ist und deshalb für Anfragen oder Rückrufbitten von Zuhause nicht zur Verfügung steht, macht die hauseigene Telefonanlage auf eindrucksvolle Weise deutlich. Wer hier versucht, sich trotz seines Urlaubs heimlich im Büro zu erkundigen, ob denn auch ohne ihn alles wie gewohnt laufe, lernt schnell, dass dies der Wiederherstellung der eigenen Arbeitskraft nur zuwiderlaufen kann. Da das Management des Campingplatzes aber mit den mittlerweile nicht unerheblich gestiegenen Rückfallqouten von Urlaubern bestens vertraut ist, hat es für die notwendigen Sicherheitsmaßnahmen gesorgt. Auch in diesen Dingen ist man hier auf dem neuesten Stand.

Für die Versorgung gibt es hier keine voll eingerichteten Supermärkte auf dem Campingplatzgelände, sondern man macht sich auf den Weg zum Mini-Market im Ort. So klein der Laden auch scheint: hier findet man alles, was man braucht. Der Laden ist von oben bis unten mit Artikeln aller Art überhäuft und es ist schwer, den Überblick zu erhalten. Doch falls man etwas nicht findet, hilft die Eigentümerin gern weiter. Sie steht ganz hinten im Laden und hat doch den Blick für alles. (Auf dem Bild steht sie ausnahmeweise einmal vorn in der Eingangstür.)

Nur weshalb man seinen Müll erst nach 21 Uhr entsorgen sollte, ist uns bis zum Ende unseres Aufenthaltes nicht klargeworden. Heimlich, wenn unbeobachtet, haben wir unseren Müll gelegentlich auch schon vorher entsorgt.

> **I rifiuti differenziati vanno depositati negli appositi contenitori dopo le 21.00**
> **I clienti sono pregati di collaborare**
>
> **Wir Bitten Sie um Mülltrennung. Dieser sollte nach 21:00 Uhr in den jeweiligen Container geschmissen werden.**
> **Wir danken Ihnen um die Zusammenarbeit.**
>
> **Recycling must be left in the dedicated waste separation area after 9.00 p.m. hours**

Als jedoch morgens die Duschen kalt blieben - wohl zur Abhärtung des reichlich in die Jahre gekommenen Touristen-Körpers - war ich blitzartig wach und wünschte ich mir wenigstens für den Moment des Duschens einen Weichei-Urlaub.

Paestum - Antike zum Anfassen

Das Besondere an Paestum sind nicht allein die gut erhaltenen Tempel - die konnten wir in Agrigento, im Valle dei Templi, mindestens genauso gut sehen, sondern die Art ihrer Präsentation. Bis auf wenige Ausnahmen durften wir völlig ungezwungen durch die weitläufige Anlage spazieren und die Kinder durften auf allen Mauerresten herumklettern. Für sie war Paestum ein Riesenspielplatz, in dem sie gern „antike Statue" spielten - und wir konnten ohne missgelaunte Kinder hinter uns herschleppen zu müssen, die gesamte Ausgrabungsstätte besichtigen.

160 Kilometer in 7 Stunden

Nicht ganz 23 Kilometer in der Stunde! Das ist die traurige Bilanz kurz vor Ende des Tages. Doch der Reihe nach. Von Paestum nach Nicotera sind es 390 Kilometer, sagt unser Navi. Bei durchschnittlichen 70 km/h sind das knapp 6 Stunden reine Fahrtzeit - Pausen für die Kinder eingerechnet, werden wir also gut 7 Stunden unterwegs sein. Das ist zu viel, beschließen wir, und suchen nach einer Alternative zum nächsten offenen Campingplatz in Nicotera. In Cittadella del Capo, 160 Kilometer von Paestum entfernt, finden wir einen kleinen bewachten Stellplatz, der sogar Stromversorgung, Toiletten und Duschen zur Verfügung stellt. Großartig! Und weil wir dann nicht über die Autobahn, sondern auf der Küstenstraße fahren, verkürzt sich die Strecke bis Nicotera auf 320 Kilometer. Genial! Also auf zum Stellplatz.

Doch schon nach wenigen Kilometern müssen wir die Straße verlassen. „Deviazione" steht auf dem Schild und wir fahren auf dem Ausfahrtstreifen. Leider gibt es keinen weiteren Hinweis auf die Umleitung und wir müssen uns entscheiden, ob wir links oder rechts weiterfahren wollen. Wir entscheiden uns für rechts, haben aber nach wenigen Kilometern das ungute Gefühl, in die falsche Richtung gefahren zu sein. Das Navi ist - mal wieder - keine Hilfe.

Es will uns auf die gesperrte Route leiten und wir können es nicht überreden, uns eine Alternative zu nennen. Also wenden wir bei der nächsten Gelegenheit - das allerdings dauert, denn die Straße ist so schmal, dass wir dazu eine Ausfahrt benötigen. Endlich finden wir eine geeignete Stelle und kehren zur Abfahrt zurück. Jetzt also zur anderen Seite - wir folgen den Fahrzeugen, die, wie wir vorher, auch hier die Straße verlassen. Hier fahren viele Autos, da müssen wir wohl richtig sein.

Nach einer kurzen Weile regelt die Polizei den Verkehr: jetzt geradeaus oder rechts? „Geradeaus oder rechts?" wiederhole ich meine Frage. „Das weiß ich doch nicht!", antwortet mir von der Seite die beste Ehefrau von allen. Also fahre ich rechts. Die Straßen werden immer schmaler. Hoffentlich kommt uns niemand entgegen! Doch der Wunsch wurde wohl nicht erhört und so quetschen wir Werde vorsichtig am entgegenkommenden Bus vorbei. „Sind wir richtig?", frage ich, „hier kommen überhaupt keine Orte!" „Wenn keine Orte kommen, müssen wir richtig sein" antwortet mein persönliches Orakel und lässt mich ein wenig ratlos zurück. Ich fahre weiter und stelle fest, dass mein Orakel recht hatte: nach einer Weile gelangen wir auf eine größere Straße und wir können wieder genau sagen, wo wir sind. Statt auf der kürzeren Superstrada befinden wir uns auf der Küstenstraße. Auch das Navi meldet sich wieder zum Dienst und findet die Route nach Cittadella del Capo über die Küstenstraße:

bis zum Ziel sind es noch 164 Kilometer. Super! Nach einer 3/4 Stunde Fahrt haben wir -4 Kilometer geschafft! Ich überlege, wann wir wohl ankommen werden, wenn es so weitergeht, gebe die Rechnung aber schnell wieder auf. Doch alles hat bekanntlich zwei Seiten und Zufälle gibt es ja nicht: wir werden mit atemberaubenden Blicken auf Küste und Meer belohnt und genießen die Aussicht auf unserem Umweg.

Zumindest solange, bis uns ein Schild auf der Straße verkündet, dass die Fahrt auf unserer Route nicht weiter möglich ist. Das Umleitungsschild kennen wir schon. Jetzt lernen wir, dass diese Schilder offenbar nur auf die Sperrung einer Straße hinweisen, dem verdutzten Touristen aber die Suche nach einer Alternative selbst überlassen. Großartig! Das ist gelebte Hilfe zur Selbsthilfe! Wir also entscheiden uns spontan für eine von mehreren möglichen Routen - und gelangen in die Berge. Auch hier ist der Blick zunächst atemberaubend, aber uns wird bald klar, dass das nicht von Dauer sein wird, denn allmählich wird es dunkel.

Schon im Dunkeln - es ist mittlerweile fast 19 Uhr - erreichen wir schließlich erleichtert Cittadella del Capo. Nur den Stellplatz können wir nicht finden. Das Navi führt uns mit Hilfe der eingegebenen Koordinaten zu einer abseits gelegenen Straße. Erst spät entdecken wir ein geschlossenes Tor. Wir stellen Will, unser treues Gefährt, ab und machen uns zu Fuß auf, um nachzusehen, ob sich dahinter wohl der versprochene Stellplatz verbergen könnte. Auf unser Klingeln meldet sich niemand, aber das Tor lässt sich öffnen. Wir treten ein und schauen uns um - soweit das in der Dunkelheit möglich ist. Wir haben den Stellplatz offenbar gefunden, aber bei der versprochenen Beleuchtung und Bewachung handelt es sich offenbar nicht um ein Versprechen, sondern um einen Versprecher. Hier ist niemand weit und breit und alles ist dunkel und verlassen. In dieser Abgeschiedenheit wollen wir nicht stehen bleiben und wir fragen das Navi nach einer Alternative. Es findet eine in 4 Kilometern Entfernung und liefert auch gleich die Route. Wir machen uns auf den Weg und folgen dem Vorschlag - auch als uns das Navi von der Hauptstraße auf eine sehr steil abfallende schmale Straße führt. Gut! Wenn das der Weg zum gesuchten Platz sein soll! Wir folgen dem Vorschlag - und landen zwischen zwei Brücken. Eine zur Rechten und eine zur Linken. Und beide zu niedrig für das Wohnmobil! Und die steile Straße hinter uns ist eine Einbahnstraße. Eine loose-loose-loose-Situation!

Was macht der Katastrophen-geübte Mann in so einer Situation? Richtig! Er steht, schaut und wägt ab. Ich also stehe, schaue und wäge ab. Kurzzeitig überlege ich, die Luft aus den Reifen zu lassen, damit das Fahrzeug etwas niedriger wird, verwerfe den Gedanken jedoch recht schnell wieder. Unsere mitgeführte Fahrradluftpumpe wäre wohl kaum in der Lage, den Reifendruck nach erfolgreicher Unterquerung der Brücke auch nur annähernd wiederherzustellen. Ich schaue noch einmal. Die Brücke links scheint etwas höher. Frisch auf denn, ans Werk. Vorsichtig steuere ich das Fahrzeug zunächst an und dann unter die Brücke. Halte an, kontrolliere, wäge ab und will weiter vorsichtig voran. Die Frau neben mir - ihr wisst, die beste von allen - rät dringend ab. „Da kommst du nicht durch, das sieht doch jeder", sagt sie und steigt aus. „Na", denke ich, „das werden wir ja sehen", und setze, ihre wilden Gesten geflissentlich übersehend, zur Weiterfahrt an. Es macht mich allerdings stutzig, dass auch der Italiener, der schon geraume Zeit in seinem Auto hinter uns wartet, um endlich vorbeifahren zu können, aus seinem Fahrzeug aussteigt und erkennbar von einer Fortsetzung meines Bemühens abrät. Ich stoppe den

Motor und steige aus. Von dem, was er mir sagt, verstehe ich kein Wort - vielleicht ist das auch besser so - aber schließlich zeigt er auf einen kleinen Weg vor der rechten Brücke, den das Navi und ich bisher gar nicht gesehen hatten, und der mir eher wie ein Feldweg wirkt. Mein Gesichtsausdruck scheint meinen Unglauben deutlich zum Ausdruck gebracht zu haben und der Italiener hat ihn wohl entsprechend gedeutet. Jedenfalls gibt er mir zu verstehen, dass er voranfahren werde und ich ihm folgen solle. Die Breite der Straße scheint mir nicht besser geeignet als die Höhe der Brücke und einige Male muss unser Führer aussteigen und die Besitzer der in der Straße parkenden Autos zu bitten, ihre Fahrzeuge wegzufahren, damit wir passieren können, was diese nicht nur ohne Umschweife tun, sondern uns sogar noch freundlich zuwinken. Ob uns das in Deutschland wohl auch so gehen würde? Schließlich stehen wir wieder an der Superstrada. Wir bedanken uns herzlich für die Hilfe und verabschieden uns. Diesen Stellplatz werden wir also auch nicht anfahren. Nicht noch einmal zwischen den Brücken festsitzen! Jetzt bleibt nur noch der Campingplatz in Nicotera. Noch einmal 160 Kilometer! Bitte bloß keine Umleitungen mehr! Doch diesmal schaffen wir die Strecke in 2 Stunden. Um 23 Uhr stehen wir vor dem geschlossenen Tor - und werden sogar noch eingelassen.

Wer sagt's denn. 320 Kilometer in 9 Stunden. Am Ende des Tages haben wir den Schnitt auf über 35 km/h erhöht.

Hochzeitstag

An unserem Hochzeitstag am Strand von Sant'Alessio Siculo, etwas nördlich von Taormina.

Eintritt frei

Ausflug nach Taormina. Wir haben gehört, es soll dort einiges zu laufen geben und so haben wir Buggy und Rollstuhl samt Gehhilfen dabei.

Könnt ihr euch das Gezeter vorstellen, das entsteht, wenn ein Kind im Buggy sitzt und das andere laufen muss? Gut. Dann legt noch etwas drauf und ihr seid ungefähr dabei, euch unsere Situation vorzustellen. Nett, wie man als große Schwester nun mal ist, wird dem quengelnden Kind - um die Ruhe für einen Augenblick wieder herzustellen - der Rollstuhl angeboten. Und so gelangen wir schließlich endlich ans Teatro Greco: der Kleine geschoben im Buggy, die Schwester geschoben im Rollstuhl, die große mit ihren Gehhilfen. Ich stelle die Bremsen des Rollstuhls fest und gehe, das Portemonnaie gezückt, zur Kasse. Dabei suche ich - wie immer eigentlich an Kassenhäuschen - einen Hinweis auf den zu erwartenden Preis, weil es mir unangenehm ist, dankend vom Eintritt zurückzutreten, wenn die nette Kassiererin, die Eintrittskarten abgerissen vor sich liegend, den zu zahlenden Preis nennt. Für diesen Moment des Suchens bleibt meist nicht viel Zeit und schließlich muss man dabei auch noch sprechen und ein halbwegs italienisch klingendes „Bonn Dschorno" herausbringen.

Doch hier läuft alles anders. Während ich mich suchenden Blickes der Kassiererin nähere, wirft sie mir einen mitleidsvollen Blick zurück, den ich nicht zu deuten weiß. Während ich ihr versuche klarzumachen, dass ich drei Eintrittskarten für Erwachsene und zwei für Kinder benötige, legt sie mir bereits fünf Eintrittskarten hin. Den Preis, den sie mir nennt, verstehe ich nicht - ich nehme mir, zum wiederholten Male, vor, in Zukunft vor einer Reise einen Sprachkurs zu belegen - und schaue sie ratlos an. „It's free", gibt sie mir zu verstehen und deutet auf die beiden „Gehbehinderten", die - so verstehe ich sie - jeweils eine Begleitperson kostenlos mitnehmen dürften. Und der Kleine im Kinderwagen brauche ohnehin nichts zu bezahlen. Wir nehmen es dankbar an und genießen im Theater den kostenlosen Blick auf den schneebedeckten Ätna.

Am Ausgang können wir aber der Versuchung nicht widerstehen: zurück vor dem Kassenhäuschen lassen wir das Rollstuhlkind aufstehen und rufen der verdutzt dreinschauenden Kassiererin zu: „Ein Wunder, ein Wunder! Das Kind kann laufen!"

Taormina hat viele Reize, gewiss. Doch wenn Taormina demnächst als Wallfahrtsort in den Schlagzeilen erscheint, wisst ihr: das waren wir!

Etna

Er sah so friedlich aus, der Etna, der Mognibello, der „schöne Berg", wie ihn die Sizilianer auch nennen, als wir uns ihm näherten. Wir sahen wohl die schwarze Asche und die fehlende Vegetation, doch die unglaubliche Zerstörungskraft dieses Berges wurde uns erst wirklich bewusst, als wir in einer Kurve an diesem mit Asche und Lava bedeckten Haus vorbeifuhren.

Besonders lohnenswert war der Ausblick vom Etna auf die zahlreichen Vulkankegel in seiner Umgebung. Dann erst sieht man, dass es sich beim Etna nicht um einen einzigen Vulkan, sondern eigentlich um ein riesiges Vulkanfeld handelt.

Bräsig in der Sonne brutzeln

Unglaublich! Es ist Februar! Zugegeben, es ist schon Ende Februar, doch das hätten wir uns bei unserem Start vor 2 1/2 Wochen nicht träumen lassen. Kalt war es damals und verregnet und wir haben Daunenjacken und Stiefel eingepackt, um für die Reise gewappnet zu sein. Doch jetzt nimmt dieses Gepäck unnötig Platz im Wohnmobil ein und wir wünschten, wir hätten an T-Shirts und kurze Hosen gedacht. Statt das mitgeführte Heizgerät für das noch schnell erworbene Wohnmobil-Vorzelt zu benutzen, sitzen wir im Freien und genießen die warme Sonne am Strand zwischen Syrakus und Avola.

Wir hätten es wahrlich schlechter treffen können.

Der Kakadu

Laut vor sich hinsingend, spielt unser Kleiner zu unseren Füßen. Er singt eines seiner selbsterdachten Lieder, die immer um die gleichen Worte kreisen: Popel, Pups und Kaka. Ich geniere mich immer ein bisschen dabei und hoffe, dass seine Texte im Ausland unverstanden bleiben.

„Weißt du was?", höre ich die Frage der besten Ehefrau von allen, die neben mir sitzend die wärmende Februarsonne auf unserem Campingplatz bei Avola genießt. „Weißt du was?", wiederholt sie ihre Frage, während ich noch über eine kluge Antwort nachdenke. Natürlich kommt mir - wieder einmal - keine grandiose Replik in den Sinn, und so ergänzt sie, mein Nachdenken übergehend, da sie es für Unaufmerksamkeit halten muss: „Weißt du, ein Kakadu ist doch eigentlich ein Scheißvogel."

Zu Dionys, dem Tyrannen

Syrakus - ich hatte früher fest geglaubt, es liege in Griechenland, selbst noch, als wir Schillers Ballade im Unterricht behandelten. Und wenn ich es mir vorstellte, hatte es mancherlei Gestalt, doch nicht die heute erkundete. Ist das nun gut oder nicht? Jetzt hat Syrakus auch für die Episode mit Archimedes seine Phantasiegestalt für immer verloren. Stattdessen werde ich jetzt immer das 2016 erwanderte Syrakus vor mir sehen, das wohl spätestens in ein paar Jahren auch nur noch in meiner Vorstellung so wie heute existiert, denn die Sanierungsarbeiten sind enorm. Keine Straße, in der nicht gebaut wird.

Nur die Piazza del Duomo (beeindruckend sind hier die über 2000 Jahre dauernde Frauenverehrung an einem Ort, denn an der Stelle der Kathedrale Santa Maria delle Colonne befand sich seit dem 5. vorchristlichen Jahrhundert ein der Athene geweihter Tempel. Er wurde ab dem

7. Jahrhundert in eine christliche Basilika umgebaut. Dazu wurden die Räume zwischen den antiken Säulen zugemauert - und so erscheint die Kathedrale auch heute noch dem Besucher: eine der Maria geweihte christliche Kathedrale, die ihre Herkunft aus einem der Athene geweihten Tempel nicht leugnet, sondern offen zeigt) erstrahlte in einem ganz und gar fertigen Glanz, so dass man meinen kann, diesen auch in absehbarer Zeit noch auf gleiche Weise erleben werden zu können. Beim Schlendern durch die Altstadtinsel Ortigia frage ich mich, ob all diese umfangreichen Arbeiten sich auch den Bewohnern als Segen erweisen oder ob am Ende die Sanierungen das Wohnen derart verteuert, dass Immobilienspekulanten die sanierten Gebäude übernehmen und aus heute überwiegend Wohnvierteln doch wieder wie in den meisten Innenstadtbereichen Geschäftsviertel werden, die, mit einem immer gleichen Angebot an Kleidung, Parfum und Schmuck zu einem gesamteuropäischen Innenstadteinerlei verkommen.

Ich wünsche Syrakus ein anderes Schicksal.

Im Ohr von Dionysos

Tyras philosophische Ecke

Beim Essen eines Muffins im Caffè Minerva in Syrakus philosophiert Tyra in der Manier Friedrichs des Großen:
 Mama: Tyra, beiß den Muffin doch bitte von oben ab!
 Tyra: Das ist so meine Art. Jeder macht es nach seinem Geschmack und seiner Art.
 (Syrakus, 26. Februar 2016)

Tonnara di Vendicari

Das gibt es wohl nur auf Sizilien: eine Industrieanlage, deren Überreste so aussehen wie die antiker Tempel.

Die Tonnara di Vendicari ist eine ehemalige Thunfischfabrik, die um 1600 erstmalig erwähnt und am Ende des Zweiten Weltkrieges endgültig stillgelegt wurde. Die stehengebliebenen Stützpfosten der Verarbeitungshalle wirkten ohne das von ihnen getragene Dach auf uns ein wenig wie die moderne Version des Poseidontempels in Paestum.

Die Thunfischverarbeitung hatte hier eine lange Tradition. An der Stelle der Fabrik wurde bereits in hellenistischer Zeit Thunfisch gewaschen und verarbeitet. Bei Ausgrabungen, wenige Schritte von der Tonnara entfernt, wurden Becken freigelegt, die dies belegen. Dass die Verarbeitung in Vendicari eingestellt worden ist, ist allerdings nicht der Einsicht, dass Thunfisch überfischt ist, die Fangmethoden grausam sind und er durch seinen Platz weit am Ende der Nahrungskette derart mit Schwermetallen, besonders mit Quecksilber, belastet ist, dass der Verzehr nicht als gesund eingeschätzt werden kann, sondern größeren und effektiver arbeitenden Fabriken an anderer Stelle geschuldet. Thunfisch gehört auf Sizilien - leider - weiterhin zu den beliebtesten Speisefischen. Auf Sizilien findet immer noch, wenn auch heute eher als touristische Attraktion - wie kann das eine touristische Attraktion sein? - im Mai die sogenannte Mattanza statt. „Mattanza" ist das italienische Wort für „Abschlachten". Und so muss man sich den traditionellen Thunfischfang auch vorstellen: Die Fische werden in ein Netz mit verschiedenen Kammern geschleust und am Ende, in der letzten Kammer, mit Enterhaken aus dem Wasser gezogen, das sich allmählich rot färbt. Zehn weitere Minuten dauert danach der Todeskampf der Tiere, die möglichst nur am Kopf getroffen werden sollen, damit das Fleisch nicht zerstört wird. Auch dass es Jahre gab, in denen die Mattanza auf Sizilien ausgefallen ist, ist kein Zeichen in die Einsicht in die Brutalität dieser Fangmethode, sondern nur ein Hinweis darauf, dass die Thunfische von schwimmenden Fischfabriken auf See abgefischt werden, bevor sie Sizilien erreichen, Schiffen mit 30 Kilometer langen Fangnetzen, die alles mitnehmen, was ihnen unterkommt: neben den Thunfischen auch Haie, Delfine und Schildkröten.

Wenn ich Fisch nicht ohnehin schon nicht mögen würde - ich hätte nicht gedacht, dass es eine Situation geben könnte, in der ich es vorzöge, den Konjunktiv mit „würde" zu bilden, aber das korrekte „möchte" klang mir fehl - wäre mir spätestens mit diesem Wissen der Appetit auf Thunfisch gründlich vergangen.

Angriff der Killer-Kiwis

Es war ein ungewöhnlich milder Februartag und wir schlenderten gemütlich durch die Riserva Naturale Oasi Faunistica di Vendicari und genossen das Wetter und den Blick auf die rastenden Flamingos. Niemand hätte davon ausgehen können, dass der Tag schon bald eine völlig andere Wendung nehmen sollte.

Wir nahmen sie zunächst gar nicht wahr und hätten wohl umsichtiger sein müssen. Erst spät, schon am Strand des Golfo di Noto angekommen, bemerkten wir sie: kleine flauschige Kugeln, die scheinbar zufällig im Dünengras lagen. Aus der Ferne erinnerten sie ein wenig an Kiwis.

Sorglos und heiter gingen wir weiter am Strand entlang. Wir wollten die Tonnara erreichen, Reste einer Thunfischfabrik, die um 1600 erstmalig erwähnt wurde. Doch wenige Schritte später bemerkten wir die Veränderung am Rand unseres Weges - und erschrocken stellten wir fest, dass wir plötzlich allein unterwegs waren: aus den wenigen Flauschbällchen waren viele geworden - und es schienen immer mehr zu werden. Konnte das sein? Und die Bällchen schienen sich zu bewegen, schienen sich zusammenzurotten.

Wie ein Schwarm, angetrieben von einer gemeinsamen Intelligenz, begannen sie, uns vor sich herzutreiben.

Nein! In Panik erkannten wir: sie wollten uns umzingeln. Wir begannen zu rennen, doch es wurden immer mehr. Mit letzter Kraft retteten wir uns auf einen Ufersteg. Gerade noch rechtzeitig konnten wir unsere Füße nach oben ziehen.

Doch jetzt saßen wir fest. Es gab keinen Ausweg und erschaudernd mussten wir mitansehen, wie der Flauschballhaufen immer größer wurde. In wenigen Augenblicken musste er uns erreicht haben ...

Der Feind in meinem Auto

Für die Reisen mit dem Wohnmobil habe ich mir ein Navi besorgt, eines, in das man die Maße des Fahrzeugs eingeben kann. Damals wollten wir noch mit dem Wohnwagen fahren. Das Gespann wäre mit fast 13 Metern ziemlich lang gewesen und ich wollte vermeiden, in auswegloser Situation mit dem Wohnwagen wenden zu müssen. Nun dient mir das Gerät eben als Navigationshilfe im Wohnmobil. Damit ich nicht plötzlich vor Brücken stehe, die ich nicht unterqueren kann. Wofür es aber, wie ich bereits feststellen musste, nur bedingt taugt.

Wir waren unterwegs von Syrakus nach Piazza Armerina, wo wir uns die berühmten Mosaiken der Villa Casale ansehen wollten. Da es ins Landesinnere von Sizilien keine Schnellstraße gibt, fuhren wir über kleine, oft kurvige Straßen, die schöne Aussichten, aber auch manche Überraschung boten. So trottete plötzlich eine ganze Weile eine Herde Kühe vor uns her, die sich zwar gelegentlich neugierig zu uns umdrehte, ansonsten aber wenig Bereitschaft zeigte, uns passieren zu lassen.

Vorsichtig steuerten wir das Wohnmobil in die Herde hinein und nach und nach durch sie hindurch. Nachdem wir dieses Hindernis hinter uns gelassen hatten, meldete sich das Navi, dass mich - wie immer freundlich, aber bestimmt - aufforderte, bei der nächsten Gelegenheit rechts abzubiegen. Ich folgte seiner Anweisung. Offensichtlich mussten wir, soweit ich das auf dem Gerät erkennen konnte, im nahe gelegenen Palazzolo Acreide auf eine andere Straße wechseln. Da ich nicht über die notwendigen Ortskenntnisse verfügte, folgte ich dem sicher gut berechneten Vorschlag des eingebauten Wegweisers - und kämpfte mich nach wenigen Momenten durch die engen, balkonbekränzten Gassen von Palazzolo.

Mit den allmählich immer enger werdenden Straßen nahm unsere Sorge um das Wohnmobil zu. Nur wenige Zentimeter trennten den Alkoven von den Balkonen und ich war nicht sicher, wer bei einem Zusammenstoß der Nachgiebigere sein würde und welche Variante mir lieber wäre: ein zerbeulter Alkoven oder ein fehlender Balkon.

Ich war froh, als wir, die engen Straßen hinter uns, endlich auf einem größeren Platz standen. Jetzt nur noch raus hier! Ich wollte endlich wieder auf breiteren Straßen fahren. Noch einmal folgte ich dem Navi - eine steile Straße bergauf: doch die Kurve am Ende der Steigung erwies sich nun endgültig als unpassierbar für das Wohnmobil. Hier würde ich nicht durchkommen!

Was also tun? Vorsichtig steuerte ich das Fahrzeug rückwärts den Berg wieder herunter, was schwierig ist, da es hinten im Auto keine Scheibe gibt, durch die man sehen könnte, wohin man gerade fährt. Doch für ein Wendemanöver war die Straße zu eng. Die hinter uns wartenden Fahrzeuge fuhren geduldig zur Seite und sahen dem deutschen Trottel zu, der den Anweisungen seines Navis gutgläubig gefolgt war. Schwitzend, aber ohne Beulen am Auto wieder unten am Platz angekommen, schaltete ich das Navi aus und folgte meinem Gefühl. Es konnte unmöglich schlechter sein als die Algorithmen des Gerätes. Und tatsächlich: wenig später standen wir vor dem rettenden Schild mit der Aufschrift „tutti direzioni". Jetzt konnte nichts mehr schiefgehen. Aber dem Navi glaube ich nicht mehr alles. Ich habe nur noch nicht herausgefunden, wann man ihm glauben und wann ihm misstrauen sollte.

Die 142 Stufen

Nie vorher hatte ich etwas von Caltagirone gehört. Und wenn mich jemand gefragt hätte „Was ist Caltagirone? A: eine Insel im Mittelmeer, B: ein Maler des 16. Jahrhunderts, C: ein typisch italienisches Dessert oder D: eine Stadt auf Sizilien", ich hätte mich wohl für „C" entschieden, wahrscheinlich sogar, ohne die Antwort durch einen Joker abzusichern. Und da hätte ich dann leider das gesamte bis dahin erspielte Geld verloren. Nun, nicht ganz, denn 500 € hätte ich ja behalten dürfen. Doch zuhause hätte ich mir dann sicher die Kommentare anhören müssen: „Mensch, Caltagirone, das kennt doch jeder. Und in der Tat, jetzt kenne ich es auch.

Denn wer einmal die 142 Stufen bis zur Chiesa Santa Maria del Monte hinaufgegangen ist, vergisst diesen Ort sobald nicht mehr. Die Stadt wurde von den Arabern gegründet, denen sie auch ihren Namen verdankt: Qalat-al-Ghiran nannten die Araber ihre im 9. Jahrhundert gegründete Festung. Heute gilt Caltagirone als Hauptstadt der Keramikkunst auf Sizilien. Und genau das kann man an den 142 Stufen der Freitreppe erkennen, die geplant wurde, um Ober- und Unterstadt miteinander zu verbinden. Seit 1954 sind die Stufen dieser Treppe mit handgemalter Keramik verkleidet, und man könnte Stunden verbringen, alle diese unterschiedlichen Keramikfliesen zu bewundern. Wir bemerkten bald die Unmöglichkeit dieses Vorhabens und waren bald mehr damit beschäftigt, die zahlreichen Stufen bis zur Kirche zu bewältigen. Ist man schließlich oben angekommen, wird man mit einem schönen Ausblick über die Stadt und das Umland belohnt, allerdings mit dem Wissen, all diese Stufen auch wieder nach unten zu müssen.

Tempel, Tempel, Tempel

Valle dei Templi, das Tal der Tempel, besteht eigentlich aus einer Vielzahl von Hügeln, auf denen mehr oder weniger gut erhaltene Tempel stehen. Es lohnt sich, dieses gewaltige Gelände zu erwandern, auch wenn - wie bei uns - das Wetter nicht richtig mitspielt.

Akragas war eine der bedeutendsten griechisch gegründeten Städte auf Sizilien und die zahlreichen Tempel zeugen noch heute von der Größe und Macht der damaligen Stadt, die auf einem Hochplateau erbaut wurde, das nach drei Seiten recht steil abfällt und daher im Verteidigungsfall einen guten Schutz bot. Wegen seiner Lage auf einer Hochebene werden die archäologischen Stätten von Agrigent in der Fachwelt auch als „Hügel der Tempel" bezeichnet. Durchgesetzt hat sich jedoch die volkstümliche Bezeichnung als „Tal der Tempel", die darauf zurückzuführen ist, dass die archäologischen Stätten unterhalb der heutigen Stadt Agrigent liegen. Das zu erwandernde Gelände hat gewaltige Ausmaße, man muss also einige Zeit mitbringen, wenn man es vollständig erkunden möchte. Wer weniger Zeit hat oder nicht mehr ganz so gut zu Fuß ist, kann sich mit einem Bus zu den größeren Tempeln fahren lassen. Wir aber gingen zu Fuß - und mussten zunächst eine sehr strenge Kontrolle über uns ergehen lassen. Alle unsere Taschen wurden haarklein durchleuchtet und auch wir mussten uns scannen lassen. Gefunden wurde aber nichts - und so durften wir unseren Weg fortsetzen.

Concordia, Hera, Zeus, Dioskuren - die Namen der Tempel bringe ich mittlerweile sicher durcheinander - und im Laufe unserer Erkundung waren sie uns auch nicht wichtig, denn in vielen Fällen sind die Benennungen der Tempel willkürlich und entsprechen nicht den früheren Funktionen. Wir staunten vielmehr über den erstaunlich guten Zustand der meisten Tempel - und natürlich über ihre Vielzahl. Leider erwischten wir zur Besichtigung einen Regentag, doch wäre die Besichtigung dieser riesigen Anlage bei Sonnenschein und 32° im Schatten sicherlich auch nicht angenehmer gewesen. Und mit diesem Gedanken im Hinterkopf genossen wir den Besuch im Valle dei Templi trotz des immer wieder ausbrechenden Regens.

Vorbei an den Überresten des fast 8 Meter großen, seit der Zerstörung des Tempels durch die Karthager liegenden Telamons, eines Giganten, auf dem die Last des Gebälkes ruhte, gelangten wir zu den gewaltigen Säulen des Tempio di Ercole, des Herkules-Tempels, dem ältesten der zahlreichen Tempel im Valle dei Templi. Er stammt aus der Zeit zu Beginn des 5. Jahrhunderts v. Chr, wurde aber bereits im Jahre 406 v. Chr. durch die Karthager zerstört. Der Wiederaufbau durch die Römer fiel schließlich einem Erdbeben zum Opfer. Erst der britische Marinekapitän Sir Alexander Hardcastle, der sich zu Beginn des 20. Jahrhunderts in Agrigent niederließ, ermöglichte mit seinem Vermögen eine Wiederaufrichtung der heute zu bewundernden Säulen.

Am meisten beeindruckte uns jedoch der Tempio della Concordia, der zu den am besten erhaltenen Tempeln der griechischen Antike zählt. Sein guter Erhaltungszustand rührt aus der Tatsache, dass Bischof Gregorius von Agrigentum den Tempel im Jahr 597 in eine Basilika umwandeln ließ. Ähnlich, wie es heute noch die Kathedrale Santa Maria delle Colonne in Syrakus zeigt, wurden dafür die Räume zwischen den Säulen zugemauert. Erst im 18. Jahrhundert wurde der Tempel wieder in den vorangegangenen Zustand versetzt, in dem er noch heute mächtig und erhaben den Besuchern, die sich ihm mühsam bergaufwärts schreitend nähern müssen, entgegentritt.

Eine nachrömische christliche Nutzung des Geländes um den Tempio della Concordia verdeutlichen auch die

Gräberfelder aus dem 3. bis 9. Jahrhundert.

Vor dem Tempio della Concordia liegt seit 2011 der eine überlebensgroße Skulptur des polnischen Bildhauers Igor Mitoraj, die den Sturz des Ikarus darstellt.

Ganz am Ende unseres Weges gelangten wir schließlich zum Tempio di Giunone, dem Juno- oder Hera-Tempel, die Zuordnung zu einer Gottheit ist auch hier wieder willkürlich. Für ein bisschen Abwechslung bei unserer Besichtigung sorgte ein sturzbachartig einsetzender Regen, der sein Wasser in breiten Strömen die Treppen hinunterschießen ließ, die wir mühsam zu erklimmen versuchten. Doch allen Unbilden des Wetters zum Trotz: wir waren froh, diesen Ort besichtigt zu haben und ließen uns von ein paar Milliarden Wassertropfen die gute Laune nicht verderben.

Fragt man heute, viele Monate nach unserem Sabbatjahr, unsere Kinder, was ihnen an unseren Reisen denn am besten gefallen habe, dann nennen auch sie ein Ziel in der Nähe von Agrigent. Doch ihres hat nichts mit dem Valle dei Templi zu tun; es ist ein Piratenschiff. Als Stellplatz hatten wir einen Campingplatz in der Nähe von Agrigent ausgewählt, Camping Valle dei Templi in San Leone, der einen Spielplatz haben sollte. Auf manchen Plätzen erwies sich die Angabe im Campingführer als ein paar wenige ungepflegte Spielgeräte, hier hatten wir Glück: der Spielplatz bestand aus einem zu einem Piratenschiff umgebauten Fischerboot und unsere Kinder waren kaum aus dem Wohnmobil und schon auf diesem Schiff, das sie im Folgenden nur noch nach in Ausnahmefällen verließen.

Die Salinen von Marsala

Sie haben ihr ganz eigenes Flair, die Salinen von Marsala, und bieten dem Betrachter ein bezauberndes Zusammenspiel von Farbe und Licht - auch wenn bei unserem Besuch Grautöne deutlich dominierten.

Noch immer arbeiten die Salzbauern in den Meerwassersalzgewinnungsanlagen und die Technik der Salzgewinnung hat sich im nordwestlichen Zipfel Siziliens seit dem Mittelalter nicht grundlegend geändert. Vom Frühling bis in den Spätsommer sind die Salinen in Betrieb. Dann werden die Becken mit Wasser geflutet und nach der Verdunstung des Wassers bleibt das Salz zurück, das anschließend zu großen Salzbergen aufgehäuft und mit Tonziegeln bedeckt gegen Regen geschützt wird. Die zwischen den Salzbecken stehenden Windmühlen dienen der Be- und Entwässerung und machen einen Großteil des besonderen Reizes dieser malerischen Landschaft aus.

Peppe Genna

Er ist „der Poet der Salinen von Marsala". Peppe, wie seine Freunde ihn nennen und wie er mir zur Begrüßung sagt, hat in seinem Leben schon vieles getan: er war Schuster, Mechaniker, Taxifahrer, Gärtner, Bauer, Handwerker und wohl noch manches mehr. Und er habe einige Zeit in Deutschland und in der Schweiz gelebt. Doch es habe ihn zurückgetrieben, berichtet er - soweit ich ihn verstehen kann. Mein Italienisch und sein Deutsch ermöglichen kaum eine tiefergehende Unterhaltung und so setze ich mich neben ihn und schaue ihm eine Weile bei seiner Arbeit zu. Peppe Genna sitzt jeden Tag am „Mamma Cauro", dem Café an den Salinen von Marsala, gegenüber der Insel San Pantaleo, direkt am Anleger, von dem aus Schiffe Touristen zur antiken phönizischen Siedlung Mozia auf der gegenüberliegenden Insel bringen, und fertigt Besen unterschiedlicher Größe aus Palmenblättern.

Wenn man ihm eine Weile bei der Arbeit zusieht, ist man erstaunt, wie flink Peppes eher groben Finger die Besen fertigen. Und schließlich, nachdem wir ihm eine Weile zugesehen haben, öffnet er den Kofferraum seines kleinen Autos und zeigt uns eine Vielzahl von Kunstwerken, die er aus Tuffstein gearbeitet hat: punische Schiffe, griechische Tempel, Blumen als Anhänger und vieles mehr.

Und wenn man Glück hat, so wie wir, rezitiert Peppe aus dem Gedächtnis einige seiner selbst verfassten Gedichte, von denen er mir schon zu Beginn unseres Zusammentreffens erzählt hat.

Peppe Genna ist ein echtes Original und wer in die Nähe von Marsala kommt, sollte unbedingt am „Mamma Cauro" vorbeifahren und ihm bei seiner Arbeit zusehen. Doch bringt ein wenig Zeit mit, denn Peppe erzählt gern. Und wer weiß, vielleicht habt ihr einige handgearbeitete Besen im Gepäck, wenn ihr wieder fahrt. So wie wir.

Sicherheit auf dem Campingplatz

Liebe Leute, dass Sicherheit der Gäste auch auf einem Campingplatz wichtig ist verstehe ich ja. Und ich gestehe auch zu, dass, zur Gewährleistung einer solchen Sicherheit, der Einsatz von Überwachungskameras Sinn zu machen scheint. Doch: Bei der Platzierung von Überwachungskameras ist durchaus zu bedenken, welche Aufgabe eine Kamera an der gewählten Stelle übernehmen soll. Eine Kamera, die die Ein- und Ausfahrschranke überwacht? Sicher. Hier möchte ich wissen, wer meinen Platz betritt und wieder verlässt. Eine Kamera an der Rezeption? Sicher. Hier möchte ich das mit Geld hantierende Personal schützen. Eine Kamera, die die Duschen beobachtet? BITTE? Welche Funktion hat den so eine Kamera? Ja, ich weiß, aber ich möchte mir das gar nicht vorstellen. Besonders nicht auf einem Platz, auf dem sich der Automat zum Einwurf der Duschmünzen außerhalb an der gegenüberliegenden Seite der Duschen befindet und bei dem die Duschen direkt nach Einwurf der Münzen anfangen, ihr Wasser abzuregnen, sodass für ein gepflegtes Umziehen keine Zeit mehr bleibt. Denn bereits nach 3 Minuten muss die nächste Münze eingeworfen werden.

Glaubt ihr, ich trage einen Revolvergürtel unter dem Pullover? Oder Sprengstoff in den Taschen meines Bademantels? Handgranaten im Kulturbeutel? Oder glaubt ihr, ich würde mich, statt in eine der beiden vom Automaten weiter entfernt liegenden Männerduschkabinen, heimlich in eine der beiden Duschkabinen für Frauen stellen? Ja, ich gebe es zu! Das habe ich gemacht. Aber doch nur, weil die beiden für Männer ausgewiesenen Kabinen abgeschlossen waren!

Kontrolliert ihr vielleicht den Wasserverbrauch beim Duschen? Oder überwacht ihr, ob wir auch wirklich sauber aus den Duschen herauskommen? Und falls nicht, ertönt dann eine Ansage, die uns freundlich aber bestimmt auffordert: „Bitte legen Sie eine weitere Münze in den Duschmünzenautomat, begeben Sie sich wieder in Ihre Duschkabine und setzen Sie den Duschvorgang fort."

Ich weiß nicht, was ihr euch dabei gedacht habt. Aber ich weiß: Zuviel Sicherheit kann ganz schön verunsichern.

See-Kühe

Sie kamen am späten Vormittag mit weithin hörbarem Geläut und zogen völlig eigenständig den schmalen Streifen zwischen Campingplatz und Ufer entlang und schließlich den Weg zum Campingplatz hinauf. In völliger Ruhe zogen sie an uns vorbei auf eine Weide, die in einiger Entfernung gerade noch zu erkennen war. Offenbar handelte es sich bei den Tieren um eine Herde See-Kühe.

Der Uni-Rock

Ich war unterwegs mit meiner Tochter. Eigentlich wollte ich das Adjektiv „kleinen" einfügen, aber meine Tochter besteht mit großem Nachdruck darauf, dass sie nicht mehr klein sei, und Fragen zu ihrem Alter beantwortet sie stets und sehr bestimmt mit „Ich werde bald 6!", auch wenn bis dahin noch ein halbes Jahr vergehen wird. Ich spare mir daher das Adjektiv, obwohl es für die Geschichte nicht ganz unwesentlich ist, und beginne folgendermaßen:

Ich war unterwegs mit meiner Tochter. Während wir gemeinsam durch Monreale schlenderten, sah sie mich an und fragte mich: „Papa? Kann ich bitte meinen Uni-Rock tragen?" Ich erschrak und überlegte: habe ich, ohne es zu merken, eine Zeitlang im Koma gelegen? Oder hat es einen Sprung im Zeitkontinuum gegeben, den ich bisher gar nicht bemerkt hatte? Woran merkt man so etwas überhaupt? Vielleicht daran, dass man von der Tochter um einen Uni-Rock gebeten wird? Und seit wann gibt es eigentlich Kleidungsvorschriften für die Uni? Ich blickte meine Tochter entgeistert an und beruhigte mich allmählich wieder. Sie sah immer noch aus wie eine 5-Jährige, die bald 6 wird, und es war eher unwahrscheinlich, dass sie bereits eine Uni besuchte. Vielleicht hatte ich mich einfach verhört. Doch kaum, dass dieser Gedanke mir entsprungen war, wiederholte sie ihre Frage: „Bitte, Papa, kann ich jetzt meinen Uni-Rock tragen?"

Ich überlegte: Meinte sie vielleicht einen unifarbenen Rock? Doch ich konnte mich beim besten Willen nicht daran erinnern, dass wir ihr so einen Rock gekauft haben sollten. Und selbst wenn, wir hätten ihn sicher nicht für diese Reise eingepackt. Ich wollte ihr also gerade antworten, dass sie darauf leider bis zur Rückkehr nach Hause verzichten müsse, da sah sie mich mit mittlerweile leicht verärgertem Gesichtsausdruck an, zeigte auf die Kleidungsstücke, die ich über dem Arm trug, und sagte, jetzt mit deutlich festerem Ton: „Papa, weshalb gibst du mir denn meinen Uni-Rock nicht?" „Bitte entschuldige", entgegnete ich, „ich war in Gedanken" und reichte ihr den gewünschten Anorak.

Der Himmel über Monreale

Nach unbestätigten Meldungen plant Wim Wenders eine Fortsetzung seines erfolgreichen Films „Der Himmel über Berlin" von 1987. Der Film soll den Titel „Der Himmel über Monreale" tragen. Ob Bruno Ganz erneut für die Hauptrolle zur Verfügung stehen wird, ist jedoch ebenso unklar, wie die Frage, wer die weiteren Rollen übernehmen soll, da sowohl Solveig Dommartin, als auch Otto Sander, Curt Bois und Peter Falk mittlerweile verstorben sind. Aus gewöhnlich gut informierten Kreisen wurden uns erste Szenenfotos von den Dreharbeiten zugespielt.

Der Himmel über Cefalù

Nach der überraschenden Meldung, Wim Wenders drehe ein Sequel zu seinem erfolgreichen Film „Der Himmel über Berlin" (wir berichteten), sickerte jetzt gerüchteweise durch, Wenders plane den Ausbau der Filme zu einer Trilogie. Aus gewöhnlich gut informierten Kreisen heißt es, am dritten Teil, der den Titel „Der Himmel über Cefalù" tragen solle, werde bereits gearbeitet. Erste Szenenfotos, die der Redaktion zugespielt wurden, scheinen dies zu bestätigen.

Fremdsprachen für Anfänger

Da es auf einem Campingplatz immer ein internationales Publikum gibt, gewöhnt man sich schnell an, Leute entweder in der Landessprache oder auf Englisch anzusprechen. Trifft man sich also - beispielsweise - an den Sanitäranlagen, dann entspinnt sich oft folgender (oder ähnlich lautender) Dialog: „Hi!" „Hi!" „What a hot and sunshiny day!" „Yeah, really!" Und so zieht sich der Smalltalk je nach Wortschatz und Sprachvermögen in der jeweiligen Sprache mal flüssiger, mal zäher fort. Man kommt ins Gespräch, unterhält sich über Belanglosigkeiten oder über Besichtigungstipps, über gute (oder schlechte) Campingplätze auf der weiteren Strecke, aber auch über persönliche und durchaus private Themen.

So also waren wir ins Gespräch vertieft, als jemand zur Tür hereinkam und uns freundlich mit einem „Hallo zusammen!" begrüßte. Vollkommen unbewusst antworteten wir zeitgleich mit einem „Hallo auch!" und blickten uns irritiert an. Es dauerte eine Weile, bis wir das, was da gerade passiert war, richtig verstanden hatten. Dann fingen wir an, fürchterlich zu lachen. Vielleicht sollten wir kommende Gespräche auf Sanitäranlagen doch mal zur Probe in der Muttersprache beginnen.

Stromboli

Wenn man auf Stromboli ankommt, wird man in Hektik empfangen. Alles muss schnell gehen. Das Schiff liegt nur 5 Minuten im Hafen, in dieser Zeit müssen alle ankommenden Passagiere von und die auf Stromboli wartenden an Bord gelassen und alles Gepäck muss ent- und verstaut werden. Wenn dann das Schiff den Hafen schon wieder verlässt, geht die Betriebsamkeit an Land weiter. Menschen werden begrüßt und abgeholt, andere suchen Transportmöglichkeiten für Gepäck, wieder andere vermitteln Kurzentschlossenen Übernachtungsmöglichkeiten.

Dann tritt schlagartig Ruhe ein im Hafen und auf der Insel. Noch sind einige der Ankömmlinge unterwegs, aber die Wege sind nicht weit und diese Zeit endet bald. Dann verfällt die Insel in ein anderes Tempo, in einen anderen Rhythmus. Kein rauschendes Allegro mehr, sondern ein gemütliches Larghetto. In regelmäßigen Abständen faucht der Stromboli - mal stärker, mal weniger - doch außer den Touristen beachtet niemand seine grollenden Eruptionen. Ansonsten ist alles ruhig. Man grüßt sich im Vorbeifahren von den dreirädrigen Piaggios und an einzelnen Plätzen wird gearbeitet, um die Wunden der Wintermonate auszubessern. Darüber hinaus versinkt alles in eine angenehme Ruhe. Sämtliche Hektik ist verschwunden und man sitzt und guckt. Nach Kempowski der erstrebenswerte Lebenszustand.

Es gibt einen Lebensmittelladen auf Stromboli, ein bisschen versteckt, aber mit Nachfragen gut zu finden. Der Laden schließt um 12:30 für eine Mittagspause - die hier 4 Stunden dauert! Er öffnet erst wieder um 16:30. Die Zeit verstreicht langsamer auf Stromboli. Zumindest bis das nächste Schiff anlegt. Dann nimmt das Tempo plötzlich wieder zu und auch der Hafenarbeiter, der bisher vor seinem Haus seinen Gedanken nachgehangen hatte, steht von seiner Bank auf und macht sich auf den Weg zum Hafen. Auf einmal ist das schnelle Tempo wieder zurück! Kaum ein vermittelndes Accelerando, sondern zwei unvermittelt nebeneinanderstehende Tempi bestimmen das Leben auf Stromboli. Nur den Vulkan interessiert das nicht. Er faucht und raucht in regelmäßigen Abständen - egal was die Winzlinge an seinem Fuß gerade tun.

Maulwürfe der Straße

Wenn man im Norden Siziliens mit dem Auto unterwegs ist, bekommt man das Gefühl, mehr unter als über der Erde unterwegs zu sein. Dort reiht sich Tunnel an Tunnel und auch am Tage fährt man die meiste Zeit mit Licht. Wir jedenfalls kamen uns vor wie Maulwürfe der Straße.

Das Déjà-vu

Es war beinahe 6 Wochen her, um es genau zu sagen: es war 34 Tage her, als ich zuletzt an diesem Ort stand. Am 10. Februar hatten wir in Waldshut, kurz vor der Grenze zur Schweiz, übernachtet und ich hatte die Temperaturanzeige auf dem Campingplatz fotografiert.

Jetzt stand ich wieder hier und überlegte, ob ich überhaupt weg gewesen war. Was, wenn das alles nur ein Traum gewesen war? Wenn ich Sizilien nicht bereist, sondern nur erträumt hatte? Vielleicht war ich in einer Zeitschleife gefangen - oder es war Murmeltiertag ("schon wieder")? Ich wusste es nicht, aber das, was ich sah, hatte etwas Unheimliches an sich: am Ende war ich wieder dort, wo ich angefangen hatte.

Was, wenn die Datumsanzeige nicht gewesen wäre ... ?

Hilfe, mein Navi spinnt!

Dies wird einer dieser nie enden wollenden Tage. Noch 254 Kilometer bis nach Hause, doch das Navi will um jeden Preis verhindern, dass wir diesen Ort jemals erreichen und errechnet für das Zurücklegen dieser Strecke die stolze Zeit von 80 Stunden und 26 Minuten! Ich erschrecke. Wir sind mit einer Durchschnittsgeschwindigkeit von 3 km/h unterwegs. Fahre ich wirklich so langsam, ohne er zu merken? Wir wären ja zu Fuß schneller! Aber das Navi zeigt an, dass wir zurzeit mit einer Geschwindigkeit von 94 km/h fahren. Was ist passiert? Ein über dreitägiger Stau liegt vor uns? Und kann nicht umfahren werden? Bad Salzdetfurth ist eingekesselt und niemand kann mehr heraus oder herein? Ich finde keine Antwort und beschließe, dass unser Navi spinnt.

Der Soundtrack der Reise

Eigentlich war es vorauszusehen gewesen. Es musste Rom sein. Wo sonst sollte der Soundtrack weitergehen, wenn nicht hier? Und so war es. Kaum in Rom angekommen, hörten wir die Musik aus allen Gassen und Straßen. Das erste, was wir hörten, war eine Band, die Latin-Jazz-Klassiker spielte. Schon von Weitem lockte das „Girl from Ipanema" und wir waren sehr überrascht, als schließlich nur ein einzelner Saxophonist vor uns stand. Seine Band kam vom Band (dies muss man genau lesen!), gehörte aber wohl eigentlich dazu, denn die angebotenen CDs waren mit „Trio Band" betitelt. Er hatte einen guten Swing und wir Jungs hörten ihm eine ganze Weile zu, während sich die Mädels nebenan die Entstehung von gesprayten Kunstwerken ansahen.

Als wir am folgenden Tag wieder durch Rom stromerten, sahen wir ihn wieder, diesmal im Trio, das sich jetzt allerdings „Gypsy Trio" nannte und eine geniale Version von „Autumn Leaves" hinlegte. Großartig war der Bassist, der auf einem dreisaitigen (!) Bass spielte, ohne dass das Fehlen einer Saite musikalisch aufgefallen wäre - vielleicht war eine Saite gerissen und er hatte noch keine Gelegenheit gehabt, eine neue zu besorgen? Oder war noch nicht genügend Geld eingespielt, um eine neue zu kaufen? Keine Ahnung, aber die Musik war mitreißend. Bedauerlich nur, dass bei dem Überangebot an Straßenkünstlern in Rom nur wenige Menschen stehenblieben, um zuzuhören.

Sehr einsam, aber mit viel Gefühl spielte Marco Scotti vor der Engelsburg Blues. Es klang so authentisch, dass man Robert Johnson, Memphis Slim oder Sonny Boy Williamson zu hören können glauben konnte.

Und dann kamen „Abbordaggio"! Ein ganz eigener musikalischer „Annäherungsversuch". Abbordaggio spielten vor der eindrucksvollen Kulisse des Pantheons mit Gitarre, Cajon und Sopransaxophon sehr eigenständige Versionen von Rock-Klassikern. Und sie spielten derart gut, dass wir den Eindruck hatten, mindestens die Hälfte aller Leute auf dem Platz interessierten sich mehr für die Musik als für das Pantheon. Wir drängelten uns also nach vorne und genossen die Musik an einem frühlingswarmen Tag im Februar. Und die Kinder hatten noch einen besonders guten Platz.

Unser Soundtrack wird weitergehen, doch auf der gesamten weiteren Reise nach Sizilien und wieder zurück blieb es erstaunlicherweise stumm um uns herum. Trotz des meist sonnigen und warmen Wetters, hörten wir erst in Florenz wieder Musik unter freiem Himmel. Wir waren schon geraume Zeit durch die Stadt gezogen und auf der Suche nach einer Möglichkeit, gut und nicht zu teuer etwas zu essen zu erhalten. Das jedoch - also das „nicht zu teuer" - erwies sich als schwieriger, als wir vermutet hatten, daher war unser Hungergefühl mittlerweile schon recht gestiegen und die allgemeine Stimmung ziemlich gesunken. In dieser Verfassung, man könnte auch behaupten: durchaus schlecht gelaunt, hörten wir eine unglaubliche Stimme und dachten an eine Frei-Luft-Opern-Aufführung. Ein Duft von Puccini zog zu uns herüber und uns weiter in Richtung Piazza della Repubblica. Umringt von einer großen Zahl ganz offensichtlich begeisterter Zuhörer sang Natalia Lopushanskaya in Begleitung des Akkordeonisten Anatoliy Grischuk Opern-Arien und italienische Lieder mit einem ungeheuren Engagement. Bereits nach wenigen Ohrenblicken dachten wir nicht mehr an unsere leeren Bäuche, sondern versanken in den Klängen der italienischen Oper. Ein würdiger Abschluss des Soundtracks dieser Reise.

Teil II

104

Kühlschrank-Variationen

Orte, an denen wir waren

108

Teil III

110

Schicksalsschläge

Meldung gestern in der Zeitung:
Kaley Cuoco musste zum Jahreswechsel einen schmerzhaften Schicksalsschlag hinnehmen.
Mein Hirn beginnt zu arbeiten - es läuft sehr langsam an und ich kann ihm bei der Arbeit zusehen.

Wer ist Kaley Cuoco? Ich habe keine Ahnung und kann daher diejenige, die den Schlag hinnehmen musste nicht einschätzen. Muss aber irgendwie wichtig sein, denn meine Schicksalsschläge stehen nicht in der Zeitung. Eure? Eben. Also: Irgendjemand Wichtiges hatte über Silvester ein schweres Schicksal zu erleiden. Ich denke an Unfälle - jemand wurde schwer verletzt - die Eltern, der Mann? Das Haus ist eingestürzt? In Flammen aufgegangen? Profaneres kann es doch nicht sein, oder? Sie hat doch wohl keine Examensarbeit ohne Sicherungskopie geschrieben und der Computer ist zwei Tage vor der Abgabe der Arbeit abgestürzt? Sowas steht doch wohl nicht in der Zeitung?

Dann vielleicht: ihre Eltern stammen aus Syrien und sind auf der Flucht in den Libanon? Klingt Cuoco syrisch? Oder Kaley? Oder: ihre Familie stammt aus Nepal und muss, weil die Hilfsgelder nicht vor Ort ankommen, auch nach Monaten immer noch in einer baufälligen Hütte wohnen? Ich komme und komme nicht drauf und lese weiter: Ihr Hund Petey starb in der Silvesternacht. Ich stutze und lese noch einmal: Ihr Hund Petey starb in der Silvesternacht. Tatsächlich, das steht dort.

Liebe Leute von der Zeitung, manchmal schreibt ihr schon einen ziemlich großen Mist. Der Hund von irgendeiner Kaley Cuoco ist gestorben? Das ist die Meldung mit dem Schicksalsschlag? Wenn ein Hund im hohen Alter stirbt (das kann man aus dem Artikel herauslesen: sie ist heute 30 und musste den Hund als Teenager in ihrem Kinderzimmer verstecken), dann ist das traurig - allemal, aber erstens wohl kein Schicksalsschlag und zweitens keine Meldung wert. Es sei denn, es gibt nichts Wichtigeres zu melden an einem 4. Januar.

Erinnerung

„Die Erinnerung ist wie ein Hund, der sich hinlegt, wo er will", schreibt Cees Nooteboom in seinem Roman „Rituale".
Eine meiner ersten Erinnerungen sind ein Ausflug in den Zoo Hannover und das Spielen im Sandkasten am Rübezahlplatz - jedenfalls habe ich das über Jahre hinweg geglaubt. Bis ich wieder einmal das Fotoalbum in die Hand nahm, das meine Eltern - wahrscheinlich eher meine Mutter - für mich mit frühen Kinderbildern zusammengestellt hatten. Auf einem Bild sieht man mein damaliges Ich, offenbar gerade des Laufens mächtig, vor dem Elefantenhaus im Zoo Hannover, auf einem anderen sitze ich im Sandkasten. Die Unterschrift unter dem Bild lautet: am Rübezahlplatz. Woran also erinnere ich mich? An den Ausflug in den Zoo Hannover und das Spielen im Sandkasten? Oder an die Fotos, die ich in meiner Phantasie mit Leben gefüllt habe? Würde ich meine Erinnerung auch ohne die Fotos haben? Wohl kaum. Es sind keine echten, sondern gewissermaßen imaginierte Erinnerungen.

Noch weiter gehen Experimente, bei denen Probanden gefälschte Fotos vorgelegt wurden, die sie beispielsweise in einem Heißluftballon zeigten. Obwohl diese Ballonfahrt niemals stattgefunden hatte, behaupteten die

Probanden, sich daran erinnern zu können. Ließ man ihnen noch einen weiteren Tag, um sich die auf den Fotos gezeigten Ereignisse noch einmal ins Gedächtnis zu rufen, berichteten sie oft sehr detailreich und ausschmückend über das Ereignis - ein Ereignis, das es nie gegeben hatte!

Bei einem Experiment der Londoner Psychologin Julia Shaw bekannten sich 70 Prozent der Probanden zu Straftaten, die sie nie begannen hatten. Sie waren ihnen im Laufe des Experiments als falsche Erinnerung eingepflanzt worden. Doch die Probanden waren überzeugt davon!

Das Erinnern ist ein ausgesprochen komplexer Vorgang. Wir speichern nicht komplette Vorgänge in unserem Gedächtnis, sondern einzelne Details, die bei jedem Erinnerungsvorgang wieder neu zusammengesetzt werden, so dass die Erinnerung jedes Mal ein wenig anders erscheint. Das ist der Phantasie nicht unähnlich.

Darüber hinaus ist die Erinnerung ein sozialer Vorgang. Gruppen erinnern sich gemeinsamer Ereignisse - darüber bildet sich Gruppenidentität - und schon im Gespräch über ein Ereignis bildet sich dieses neu. Gedächtnisverändernde Wirkung besitzen offenbar auch Aufforderungen zur Erinnerung, wie sie in sozialen Gruppen üblich sind. Ein Satz wie: „Weißt du noch, wie wir damals ..." evoziert beim Angesprochenen eine entsprechende Erinnerung, auch wenn sie bisher nicht dagewesen sein sollte. Die Erinnerung des Anderen kann ja kaum falsch sein und erscheint plausibel. Man wird das wohl selbst nur vergessen haben. Und schon übernimmt man die Erinnerung, berichtet wie selbstverständlich darüber und beeinflusst so die Erinnerung anderer. Aber natürlich auch die desjenigen, der zur Erinnerung aufgefordert hatte, denn da seiner Erinnerung nicht widersprochen wurde, muss sie ja wohl stimmen. Besonders das Familiengedächtnis funktioniert auf diese Weise.

Seien wir uns also nicht zu sicher, wenn wir uns zu erinnern glauben. Und glauben wir nicht allen Erinnerungen, die uns erzählt werden, denn „die Erinnerung ist wie ein Hund, der sich hinlegt, wo er will."

Die Eltern-NSA

Der ausbleibende Entrüstungssturm über die Aktivitäten der NSA hatte mich gewundert. Weshalb protestiert eigentlich niemand dagegen, wenn so ungeniert in Privatem geschnüffelt wird? Ich hatte erwartet, dass Deutschland den amerikanischen Botschafter nicht nur einbestellt, sondern mit heftigen Worten ausweist und die Freundschaft mit den USA aufgekündigt wird. Stattdessen kam ein vorsichtiges "Ausspähen unter Freunden geht gar nicht" von der Bundeskanzlerin, nachdem klar war, dass die Amerikaner auch ihr Handy angezapft hatten. (Wie wäre eigentlich die Reaktion ausgefallen, wenn der deutsche Geheimdienst Obamas Handy angezapft hätte? Und weshalb machen wir das eigentlich nicht? Oder machen wir das und reden nicht drüber? Ich finde, wir sollten das auf jeden Fall können sollen. Na egal.)

Jetzt habe ich eine Erklärung für den ausgebliebenen und ausbleibenden Protest: Wir machen das alles längst selbst! Nicht wir als Bundesrepublik Deutschland, sondern wir als einzelne Bürger. Was ich gelesen habe, wollte ich nicht glauben, doch tatsächlich ist es ein großes Geschäft: Die Rundum-Überwachung der eigenen Kinder per App. Mittlerweile gibt es offensichtlich für jedes Überwachungsvorhaben die geeignete App. Wenn das

Kind nicht ans Telefon geht, wenn die Mami anruft, sperrt Mami per App das Smartphone des Sprösslings, so dass dieser nur noch die Mutter telefonisch erreichen kann. Und erst wenn der Nachwuchs sich zuhause gemeldet hat, wird das Telefon wieder entsperrt.

Unglaublich auch die App, die ständig die Position des Kindes aufs elterliche Smartphone sendet, so dass die Eltern jederzeit sehen können, wo ihre Kinder sich gerade aufhalten. Bei dieser App lässt sich auch ein Bewegungsfeld eingeben. Bewegt sich das Kind außerhalb des eingegebenen Radius, sendet die App eine Nachricht an die Eltern. Und wer besonders neugierig ist, kann heimlich das Mikrofon aktivieren und so alle Gespräche des Kindes - nicht nur die am Telefon - verfolgen. Ist doch auch in der Schule von Vorteil: so können die Eltern gleich überprüfen, was der Lehrer ihren Kindern erzählt und ihm beim nächsten Elterngespräch stichhaltig nachweisen, dass ihr Kind sich im Unterricht viel öfter beteiligt hat, als der Lehrer dem Kind bescheinigt hatte. Ja, da kommt Freude auf, nicht wahr?

Auch die Tätigkeiten ihrer Kinder in sozialen Netzwerken können Eltern mithilfe von Apps problemlos überwachen und notfalls unerwünschte Kontakte löschen. Sie müssen dies gegenüber ihrem Nachwuchs auch nicht begründen, denn die elterlichen Überwachungsaktivitäten bleiben den Kindern Dank eines eingebauten „Unsichtbarkeits-Modus" verborgen.

Mittlerweile muss man dem eigenen Nachwuchs auch nicht mehr erklären, dass das Handy während der Mahlzeiten Tabu ist - man legt es einfach per App lahm. Ob der auf dem Display laufende Countdown, der anzeigt, wann das Handy wieder verwendet werden kann, allerdings für die gewünschte Aufmerksamkeit während der Mahlzeiten sorgt, darf getrost bezweifelt werden. Wahrscheinlich sind die Kinder eher darauf fixiert zu verfolgen, wann denn endlich das Handy wieder freigeschaltet ist. Hier gibt es offensichtlich noch Nachbesserungsbedarf.

Ich allerdings frage mich, was passiert, wenn die Kinder nachrüsten und beginnen ihre Eltern zu überwachen. Eine App, die automatisch registriert, wenn Papa wieder einmal die vorgeschriebene Geschwindigkeit im Bereich vor der Schule überschreitet. Oder eine, die Mamas Handy lahmlegt, wenn die am Nachmittag zu lang mit der Freundin telefoniert, sodass das Kind nicht anrufen kann, um ihr zu sagen, dass der Reitunterricht ausgefallen ist und es bitte jetzt abgeholt werden möchte. Oder vielleicht eine, die Papas Surfverhalten registriert und - natürlich unsichtbar - dokumentiert, auf welchen Seiten er sich wieder bewegt hat. Dies dürfte auf jeden Fall für eine bessere Ausgangsposition bei den nächsten Taschengeldverhandlungen sorgen.

Jetzt wundert mich wirklich gar nichts mehr.

Loslassen

Es ist das Wichtigste, das wir im Leben lernen können: das Loslassen. Festhalten können wir schon vor der Geburt - der Greifreflex ist angeboren und so kräftig, dass Babys sich an einer Stange festhalten könnten - das Loslassen aber müssen wir lernen.

Wir lernen es in vielen kleinen Schritten. Zunächst lassen wir das, was man uns gerade in die Hand gegeben hat, zur Verzweiflung unserer Eltern, los und sehen nach, wie es zu Boden fällt, warten aber natürlich ungeduldig, dass es jemand für uns aufhebt und uns wieder in die Hand gibt, nur damit wir es erneut loslassen und fallen sehen können.

Sind wir etwas älter, nehmen wir die zweite Stufe. Wir stehen wackelig auf unseren Füßen und machen erste Schritte an der Hand unserer Eltern oder an der Schrankwand im Wohnzimmer entlang. Doch irgendwann entscheiden wir uns, die Hand oder die Schrankwand loszulassen und allein zu gehen. Noch wackelig zwar und mühsam und meist nicht sehr weit. Doch wenn wir noch so klein sind, besitzen wir genügend Frustrationstoleranz, um uns von Fehlversuchen nicht von unserem Vorhaben abbringen zu lassen - wer lässt uns eigentlich das Gegenteil lernen? - und stehen immer wieder auf und beginnen die Übung von vorn. Und tatsächlich, nach einer Unzahl von Stürzen stehen wir sicher auf eigenen Beinen und benötigen die helfende Unterstützung einer Hand oder einer Schrankwand nicht mehr. "Üben übt", sagte mein Vater stets, ein Spruch, den ich als Kind nicht mehr hören mochte, weil er immer im Zusammenhang mit Klavierunterricht fiel, aber er hatte natürlich Recht.

Sind wir älter geworden, lernen wir, von liebgewordenen Dingen zu lassen. Ich erinnere mich gut an ein Kleidungsstück, das ich im Alter von wohl 12 Jahren trug und von dem ich nicht lassen wollte, obwohl es mir allmählich erkennbar zu klein zu werden drohte. Und obwohl meine Mutter mir - sicher zurecht - verboten hatte, mein kostbares Stück weiterhin für die Schule anzuziehen, hatte ich es jeden Tag in meinem Schulranzen dabei und zog es an, sobald ich außer Sichtweite unseres Hauses war. Dass ich diesen Pullover heute nicht mehr trage, ist wahrscheinlich allein dem Umstand zu verdanken, dass ich eines Tages gedankenversunken nach Hause ging und dabei vergaß, den Pullover rechtzeitig vor der elterlichen Wohnung wieder in den Schulranzen zu legen. So musste ich mich zwangsweise von meinem Lieblingsstück trennen.

Im Laufe unseres Lebens folgen viele weitere Lektionen im Loslassen. Wir verlassen den Schutzkreis unserer Eltern, später entlassen wir unsere eigenen Kinder aus unserem. Wir verlassen Orte und Freunde. Wir verlassen unsere Arbeitsstelle und gehen mit 65 Jahren - oder etwas später - in die erzwungene Arbeitslosigkeit, die man Rente nennt.

Schließlich gibt es eine Zeit, sie beginnt nicht bei allen gleich, da müssen wir lernen, liebgewonnene, lebensbegleitende Menschen loszulassen: meist die Großeltern zuerst, dann die Eltern, aber auch Freunde oder Geschwister. Wir wissen, dass das so ist, und doch ist das ein schlimmer Lernprozess, besonders, wenn man Menschen loslassen muss, die jünger sind als man selbst. Wir lernen, jedes Mal wieder, doch ich habe das Gefühl, dass der Satz meines Vaters hier nicht mehr zutreffen will, denn es will sich trotz zunehmender Erfahrungen keine Routine einstellen.

Und so werden wir vorbereitet auf das letzte Loslassen, das wir nicht üben, für das wir keine Routine bilden können, das wir nur einmal erfahren: das Loslassen vom Leben. Hier können wir nur lernen von denen, die diese Erfahrung vor uns gemacht haben, hier können wir - sozusagen - nur fremdlernen.

Für vieles andere, natürlich, vieles, was nur du und ich jemals wussten und was jetzt bei mir allein bleibt, für vieles also, aber eben auch für diese letzte Lektion, mein Bruder, danke ich dir.

Selbstausleihe in der Bibliothek

Erinnert ihr euch noch? Früher fuhr man an die Tankstelle und ein meist freundlicher Mann kam aus seinem Häuschen und fragte, was man denn wolle. Man sagte so etwas wie: „Diesel. Einmal volltanken bitte" und der Tankwart zapfte einem den Kraftstoff ins Fahrzeug. Manchmal fragte er vielleicht noch: „Die Scheiben auch gleich?" oder „Soll ich mal nach dem Öl schauen?" und man gab die eine oder andere Antwort. Am Ende war das Auto betankt und man fuhr, nicht ohne sich zu bedanken, mit sauberen Scheiben und dem Wissen, dass mit dem Öl alles in Ordnung ist, davon. Dann durfte man plötzlich auch selber tanken. Das heißt, zunächst machte Vati das natürlich selbst und man durfte nur zuschauen, aber irgendwann hatten wir dann auch stolz die Zapfpistole in der Hand. Später habe ich darüber gar nicht mehr nachgedacht, wenn ich an eine Tankstelle gefahren bin, es war mir einfach selbstverständlich, dass ich selbst das Benzin zapfte. Es stand dann auch nicht mehr der Hinweis auf eine mögliche Selbstbedienung an der Tankstelle. Das war ja nicht mehr nötig. Ich fand das großartig, dass man das jetzt selbst machen könnte. War ja eigentlich auch gar nicht so schwer! Schließlich entlastete das doch auch den Tankwart.

Dann kamen die Bankautomaten. Man konnte sein Geld jetzt vom Konto abheben, ohne in der Schlange vor dem Schalter warten zu müssen und ohne ein schlechtes Gewissen zu haben, weil der Bankangestellte dabei möglicherweise sehen konnte, dass man das Konto schon wieder überzogen hatte. (Hat eigentlich jemand mal überprüft, ob die Tendenz zur Kontoüberziehung mit der Einführung der Bankautomaten zugenommen hat?) Nach dem ersten Widerstand gegen die Automaten - was ist, wenn der sich mal verzählt? - haben wir uns ergeben und holen uns heute meist das Geld auf diese Weise. Schließlich entlastet das doch auch die Bankangestellten.

IKEA kam als nächstes. Stand man früher brav in der langen Schlange vor den Kassen, scannt man mittlerweile seine Artikel selbst. Das geht schneller, als wenn man sich an der traditionell mit einer Verkäuferin besetzten Kasse in die Schlange einreiht. Es ist ja auch nicht schwer und für alle Fälle steht immer noch eine Aufsicht parat, die kompetent helfen kann, wenn man den Strichcode nicht findet oder nicht weiß, wo man den Lautschriftauftrag unterschreiben muss. Wir können das, es geht schneller und schließlich entlastet das doch auch die Kassiererinnen.

Vor einigen Tagen nun hole ich die Zeitung aus dem Briefkasten - eigentlich hole ich sie meistens aus dem Briefkasten, lese sie aber nicht. An diesem Tag jedoch habe ich mich dabei in einer Überschrift auf der ersten Seite verfangen: Ausgeliehen wird jetzt selbst! Spannend, habe ich zunächst gedacht. Ist ja jetzt wie beim Bezahlen bei IKEA bezahlen: keine Kassiererin sitzt einem mehr gegenüber, sondern man scannt alles selbst ein. Wir können das - IKEA hat es uns beigebracht - und es entlastet ja auch die Bibliothekarinnen.

Aber diesmal war es anders - warum eigentlich erst jetzt? Das ist doch alles Quatsch, denke ich. Wir lassen uns an der Nase herumführen und finden das auch noch gut. Das stimmt doch alles hinten und vorne nicht. Es wird überhaupt niemand entlastet oder wer glaubt im Ernst, dass IKEA seinen Verkäufern jetzt die Arbeitszeit - bei selbstverständlich vollem Lohnausgleich - verkürzt hat? Diese Maßnahmen dienen doch alle nur der Reduzierung von Kosten, nämlich der Lohnkosten. Nicht Entlastung, sondern Entlassung ist das Ziel. Und nebenbei (?) geht etwas verloren, was nur schwer wieder herstellbar sein wird: das Gespräch, der kurze Plausch, der direkte Kontakt zwischen Menschen. Wir müssen endlich anfangen zu denken. Kants Kurzfassung, was Aufklärung sei - habe Mut, dich deines Verstandes zu bedienen - sollte endlich bei uns ankommen. Bedienen wir uns unseres Verstandes - und nicht dem von Anderen. Denken, nicht Nach-denken, sollte unser Streben werden - und ich stelle immer wieder mit Erschrecken fest, wie weit ich selbst davon entfernt bin.

Dass dazu Mut gehört, ist einleuchtend. Es ist einfach, Vorgedachtes nachzudenken. Dann gehört man schließlich zum Mainstream. Dann fällt man nicht auf. Dann spricht man das aus, was ohnehin alle denken. Beginnt man aber, selbst zu denken - ich empfehle unbedingt das Buch „Selbst Denken" von Harald Welzer - muss man damit leben, anzuecken, weil man möglicherweise zu anderen als den vorgedachten Ergebnissen und Einschätzungen kommen könnte. Und dann könnte einem auffallen, dass das Selbstausleihen in der Bibliothek kein Fortschritt, sondern ein Rückschritt ist.

Das Optimale ist der Feind des Guten

Über meine Schulzeit weiß ich nicht mehr viel - darf man das als Lehrer überhaupt gestehen? Wenn nicht, ist das jetzt mein Coming-out. Nun, so ist es also: ich weiß nicht mehr viel über meine Schulzeit. Möglicherweise liegt das an der Vielzahl an Schulen, die mich ertragen mussten: zwei Grundschulen und vier Gymnasien pflasterten meinen Weg zum Abitur. Die Menge an Mitschülern und Lehrern war dementsprechend hoch, sodass mir heute nur noch wenige Namen in Erinnerung sind. Gleiches gilt für die Fächer und ihre Inhalte. Aus heutiger Perspektive kann ich sagen, dass ich mir lebensentscheidende und -prägende Dinge in der Regel außerhalb der Schule angeeignet habe. Und meinen Schülern wird es wohl über 30 Jahre nach mir nicht anders ergehen. Lasst uns doch mal über eine Schule nachdenken, in der das nicht mehr der Fall sein wird!

Was mir von meiner Schulzeit vor allem geblieben ist, ist das Thema der Abiturrede. Inhaltlich habe ich keinen blassen Schimmer mehr - nicht einen Hauch, auch wenn ich es mir in etwa denken kann - aber die Überschrift ist mir noch parat, denn sie ist typisch für das unerträglich elitäre Gehabe meines gymnasialen Endgegners: Das Optimale ist der Feind des Guten. Wer diese Rede gehalten hat, weiß ich ebenso wenig wie, wer den Redner eingeladen hat. Wahrscheinlich hat die

Schulleitung einen erfolgreichen Ehemaligen gebeten, die jüngsten Abiturienten mit mahnenden Worten aus der Anstalt zu entlassen.

So saß ich neunzehnjährig und mit einem Anzug versehen, in dem ich mich selten unwohl fühlte, und der auch Außenstehenden, nachdem ich jahrelang nur in einem weißen Nachthemd unterwegs gewesen war, seltsam befremdlich an mir erschienen sein musste, in der Anstaltsaula und ertrug den moralischen Gedankenregen, der auf mich niederging, wo ich doch gehofft hatte, dass nach den Anstrengungen der Abiturprüfungen die schulischen Ermahnungen endeten. Ich brachte schließlich auch den grauköpfigen Anzugträger und dessen mahnende Worte hinter mich, doch wie jemand, bei dessen Geburt die Nationalsozialisten noch nicht einmal an eine spätere Machtübertragung gedacht haben werden, glauben konnte, einem rebellierenden Neunzehnjährigen die Welt erklären zu können, wollte mir schon im Verlauf der Rede nicht einleuchten. Und so flossen meine Gedanken durch die Fenster, die so hoch angebracht waren, dass selbst ein Basketballer kaum einen Blick ins Freie hätte erhaschen können, nach draußen und in eine ferne, damals mögliche, jedoch niemals eingetretene Zukunft. Wäre der Film nur wenige Jahre früher in die Kinos gekommen, hätte ich damals an die Szene aus „Der Club der toten Dichter" gedacht, in der sich Mr. Nolan, der Schulleiter der Welton Academy, nach einem Streich der Schüler an seine Zöglinge wendet.

Jetzt, Jahre später, bekommt dieser Satz bei der Suche nach einem Standplatz für unser Wohnmobil einen neuen Sinn.

Während ich einen Campingplatz anfahre und zufrieden das Fahrzeug auf dem uns zugewiesenen Platz abstelle, bemerke ich Veränderungen an meiner rechten Seite. Wenige Augenblicke danach höre ich dann die Sätze, die mich jedes Mal zur Verzweiflung bringen: „Können wir nicht nochmal fragen, ob wir eine Reihe weiter vorn / hinten (je nachdem, das wechselte) stehen können?", oder: „Hier kommt doch überhaupt keine Sonne her!", oder auch: „Ich möchte aber dichter am Spielplatz / an den Sanitärgebäuden stehen!" (auch hier wechselten die Ortsangaben), schlimmstenfalls kam: „Hier bleibe ich keinen Moment länger!" Ja, da war Stimmung im Wohnmobil! Besonders wenn noch folgte: „Ich habe vorhin im Vorbeifahren ein Schild gesehen. Da war ein Platz. Lass uns da doch mal hinfahren!" Super! Ich durfte dann nämlich zur Rezeption und - meist auf Italienisch (!) - mein Bedauern darüber ausdrücken, dass wir uns nun doch anders entschieden hätten und wieder abreisten. So machten wir uns dann - meist recht gesprächsarm - auf den Weg, fuhren den von der besten aller Ehefrauen erkorenen Platz an - und ich musste tatsächlich jedes Mal, obwohl ich es nur widerstrebend zugeben wollte, eingestehen: Das war die richtige Entscheidung. Das Optimale ist der Feind des Guten. Und doch gibt es auch Momente, in denen man sich klarmachen muss, dass man das Gute nicht seinem natürlichen Feind überlassen darf, dass man das Gute nicht einfach dem Optimalen zum Fraß vorwerfen darf. Denn es wäre tragisch, wenn wir schließlich ohne das Gute auskommen müssten. Das Leben ist doch kein Sportplatz, auf dem nur der erste Platz zählt!

129

Nachwort

Wie im Vorwort geschrieben, sind einige der Kapitelüberschriften dieses Buches Titeln von Filmen, Büchern oder Musikstücken nachempfunden. Hier sind die Lösungen dazu. Wer weitere mögliche Lösungen findet, schicke sie mir bitte zu.

S. 11: Das Weihnachtswunder (Christmas Miracle), kanadischer Film von Terry Ingram aus dem Jahr 2012, und: Das Weihnachtswunder (Christmas Angel), US-amerikanischer Film von Brian Brough aus dem Jahr 2009
S. 13: Schwedisch für Fortgeschrittene (Heartbreak Hotel), schwedischer Film von Colin Natley aus dem Jahr 2006
S. 35: Oh, wie schön ist Panama, Kinder(?)geschichte von Janosch aus dem Jahr 1978
S. 56: Die Bürgschaft, Ballade von Friedrich Schiller aus dem Jahr 1799
S. 60: Being John Malkovich, US-amerikanischer Film von Spike Jonze aus dem Jahr 1999, in dem die Protagonisten durch eine hinter einem Aktenschrank versteckte Tür im 7½ Stockwerk eines Bürogebäudes, das lediglich halb so hoch wie andere Stockwerke und nur über einen Notstopp des Fahrstuhls erreichbar ist, *im Kopf von John Malkovich* landen
S. 65: Angriff der Killertomaten (Attack oft he Killer Tomatoes), US-amerikanischer Film von John De Bello aus dem Jahr 1978

S. 67: Der Feind in meinem Bett (Sleeping with the Enemy), US-amerikanischer Film von Joseph Ruben aus dem Jahr 1991

S. 71: Die 39 Stufen (The Thirty-Nine Steps), Roman von John Buchan aus dem Jahr 1915, britischer Film von Alfred Hitchcock aus dem Jahr 1935, britischer Film von Ralph Thomas aus dem Jahr 1959, britischer Film von Don Sharp aus dem Jahr 1978

S. 73: Money, Money, Money, Song der schwedischen Popgruppe ABBA aus dem Jahr 1976

S. 89 und 90: Der Himmel über Berlin, deutsch-französischer Film von Wim Wenders aus dem Jahr 1987

S. 91: Türkisch für Anfänger, deutscher Film von Bora Dagtekin aus dem Jahr 2012 nach der gleichnamigen ARD-Serie

S. 92: Stromboli, italienischer Film von Roberto Rossellini aus dem Jahr 1950

S. 97: Hilfe, meine Familie spinnt, deutsche Fernsehserie aus dem Jahr 1992, die die US-amerikanische Fernsehserie „Eine schrecklich nette Familie" (Married ... with Children) adaptierte

132